KB216316

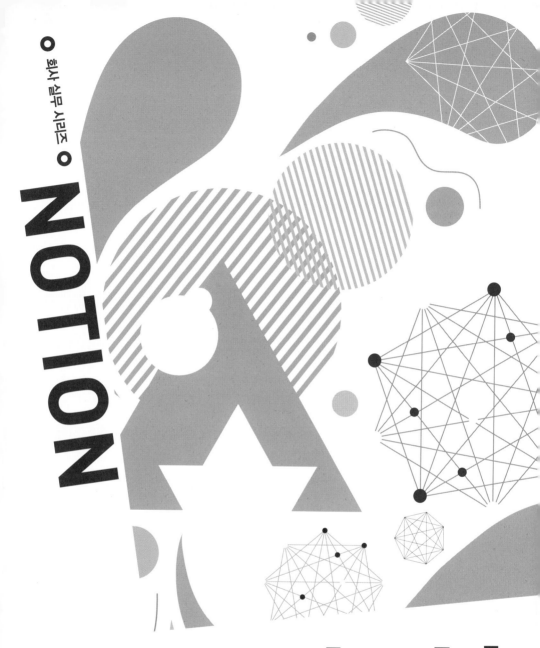

회사 실무 시리즈

NOTION

회사 실무에
힘을 주는 노션

전혜원, 최혜린 지음

정보문화사
Information Publishing Group

회사 실무에 힘을 주는

노션

초판 1 쇄 인쇄 | 2024 년 10 월 25 일
초판 1 쇄 발행 | 2024 년 10 월 30 일

지 은 이 | 전혜원 , 최혜린

발 행 인 | 이상만
발 행 처 | 정보문화사

책임편집 | 노미라
편집진행 | 명은별

주   소 | 서울시 종로구 동숭길 113 정보빌딩
전   화 | (02)3673-0037(편집부) / (02)3673-0114(代)
팩   스 | (02)3673-0260
등   록 | 1990 년 2 월 14 일 제 1-1013 호
홈페이지 | www.infopub.co.kr

I S B N | 978-89-5674-985-3

저자의 말&노션 소개

이제 누구나 자신만의 디지털 작업 공간을 만들고 관리할 수 있는 시대가 되었습니다. 그리고 현재 노션(Notion)은 개인 작업 공간으로 사용하기 가장 적절한 생산성 도구입니다.

노션은 메모, 프로젝트 관리, 문서 작성, 데이터베이스, 온라인 웹사이트 기능 등의 다양한 용도를 한 곳에서 활용할 수 있는 생산성 도구입니다. 초기에는 간단한 사용법과 세련된 UI 디자인으로 주목받았고, 이후에는 다양한 활용법이 알려지며 사용자가 늘어났습니다. 이제는 한글이나 엑셀처럼 일상에서 자주 사용되는 프로그램으로 자리잡아, 개인뿐만 아니라 팀, 학교, 기업 등에서 폭넓게 사용되고 있습니다.

최근에는 AI 기능까지 탑재하여 문서 작성, 번역 및 창작까지 가능하도록 기능을 발전시키고 있습니다. 또한 노션을 쓰는 사용자들이 더 나은 방식을 고민하면서 자체적으로 위젯, 템플릿 등 오픈소스를 공유하고 있기 때문에 활용 방법이 더욱 다양해지고 있습니다.

처음 노션을 접하면 어떤 기능을 사용할지 막막할 수 있지만, 기본적인 사용법을 익히고 실습해 보면 누구나 쉽게 노션을 활용할 수 있습니다. 이 책은 노션의 초급 기능부터 고급 기능까지 쉽게 배울 수 있도록 구성되어 있습니다. 기본 개념부터 사용법, 회사에서 활용할 수 있는 실전 스킬과 예제까지 모두 다루었습니다.

노션을 배우려는 이유가 무엇이든, 노션 사용법을 익히고 나면 생산성이 높아지고 일을 진행하는 방식이 한층 풍성해질 것입니다. 이 책이 노션을 학습하는 데 좋은 동반자가 되기를 바랍니다.

단축키, 명령어

분류	기능	Mac OS	Windows
마크다운	제목1(대제목) 생성	#	#
	제목2(중제목) 생성	##	##
	제목3(소제목) 생성	###	###
	토글 생성	〉	〉
	체크박스 생성	[+]+[Space]	[+]+[Space]
	인용 블록 생성	["]+[Space]	["]+[Space]
	글머리 기호 목록 생성	[*], [+], [-]+[Space]	[*], [+], [-]+[Space]
콘텐츠 생성, 스타일 적용	블록 내에서 줄 바꿈	[Shift]+[Enter]	[Shift]+[Enter]
	댓글 추가	[⌘]+[Shift]+[M]	[Ctrl]+[Shift]+[M]
	구분선 생성	---	---
	선택한 텍스트 굵게 표시	[⌘]+[B]	[Ctrl]+[B]
	선택한 텍스트에 취소선 적용	[⌘]+[Shift]+[S]	[Ctrl]+[Shift]+[S]
	선택한 텍스트에 밑줄 적용	[⌘]+[U]	[Ctrl]+[U]
	선택한 텍스트에 기울임체 적용	[⌘]+[I]	[Ctrl]+[I]
	선택한 텍스트 코드 블록으로 변환	[⌘]+[E]	[Ctrl]+[E]
	이전에 설정한 텍스트 스타일 적용	[⌘]+[Shift]+[H]	[Ctrl]+[Shift]+[H]
블록 편집, 이동	위/아래 블록 함께 선택	[Shift]+[↑]/[↓]	[Shift]+[↑]/[↓]
	선택한 블록 복제	[⌘]+[D]	[Ctrl]+[D]

페이지 관리	새 페이지 생성	⌘ + N	Ctrl + N
	새로운 탭 생성	⌘ + Shift + T	Ctrl + Shift + T
	새로운 창 생성	⌘ + Shift + N	Ctrl + Shift + N
	이전 페이지로 이동	⌘ + [	Ctrl + [
	다음 페이지로 이동	⌘ +]	Ctrl +]
	상위 페이지로 이동	⌘ + Shift + U	Ctrl + Shift + U
기타	전체 검색창 활성화	⌘ + P	Ctrl + P
	해당 페이지 내에서 검색	⌘ + F	Ctrl + F

CONTENTS

PART 01

노선 시작하기

노션을 사용하기 위해서는 프로그램을 설치하고 계정을 생성해야 합니다. 노션은 웹 브라우저와 설치 프로그램에서 모두 사용 가능하며, 이 책에서는 설치 프로그램(맥 OS 기준)을 기준으로 설명합니다.

1 노션 설치하기

노션 프로그램을 설치하고 다운로드하는 방법을 알아봅니다(맥 OS 기준).

노션 설치 사이트(https://www.notion.so/ko-kr/desktop)에 접속합니다. [macOS용 다운로드]를 클릭합니다.

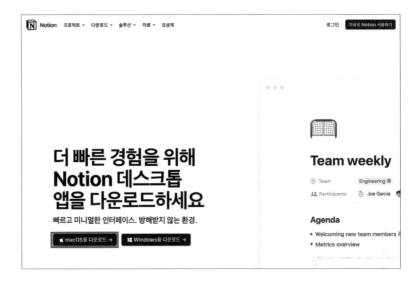

파일을 다운로드한 후 프로그램을 설치합니다.

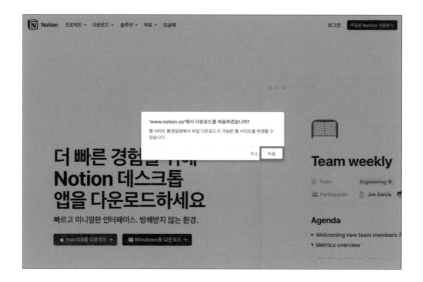

바탕화면에서 Notion 앱을 확인합니다. 설치가 완료되었습니다.

② 계정 생성하기

노션을 이용할 때, 기본적으로는 이메일을 활용해 로그인할 수 있습니다. 노션은 SSO 로그인(Single-Sign-On, 다른 프로그램의 로그인 정보를 활용하는 간편 로그인) 서비스를 지원하여, 기존 계정을 활용할 수도 있습니다.

Google 혹은 Apple 계정이 있다면 [Google, Apple로 계속하기]로 회원가입을 진행합니다. Google 아이디가 없는 경우, 일반 이메일로 가입할 수도 있습니다.

 POINT

간편 로그인으로 진행할 경우, 노션 인증번호 없이 바로 회원가입이 가능합니다. [이메일 주소를 입력하세요]에 이메일을 입력합니다. [계속]을 누르면 해당 이메일로 로그인 코드가 전송됩니다. 이메일 주소는 나중에 변경할 수 있습니다.

메일로 노션 로그인 코드가
전송됩니다.

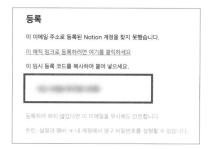

로그인 코드를 복사해 인증 코
드에 넣은 후 [새 계정 생성]을
누릅니다.

이름과 비밀번호를 설정합니다. 이름과 비밀번호는 나중에 변경할
수 있습니다.

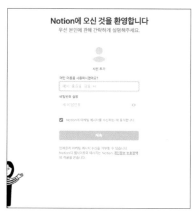
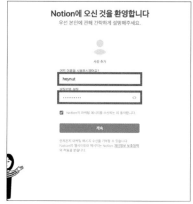

원하는 용도에 맞게 설정하기 위해 개인용을 선택하고 [계속]을 누릅니다.

기본 워크스페이스가 생성되었습니다.

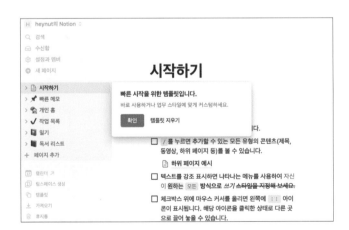

3 요금제 안내

노션은 사용 범위에 따라 다양한 요금제 옵션을 제공합니다. 본인의 활용도에 맞게 다양한 요금제를 선택할 수 있습니다.

노션 홈페이지의 [요금제] 혹은 노션 앱의 [설정과 멤버] – [업그레이드]에서 상세 요금제를 확인할 수 있습니다.

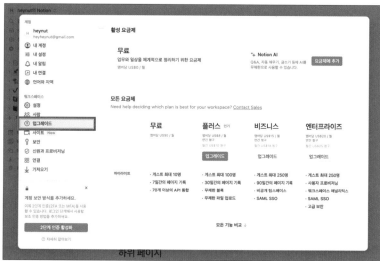

❶ [무료] 요금제: 이 책에서는 [무료] 요금제에서도 활용 가능한 내
용을 안내하고 있습니다. 기본적인 기능을 사용할 수 있으며, 협
업을 위해 다른 서비스와 연계가 가능합니다. 게스트를 10명까지
초대할 수 있습니다.

❷ [플러스] 요금제: 보편적으로 사용하는 요금제입니다. 노션에서
가장 많이 활용하는 '블록'을 무제한으로 사용할 수 있습니다. 무
제한으로 파일 업로드가 가능하며, 게스트를 100명까지 초대할
수 있습니다.

❸ [비즈니스] 요금제/❹ [엔터프라이즈] 요금제: 앞의 기능에 더해
회사 계정과 연계한 통합로그인을 지원하며, 보안이 중요한 만큼
비공개 팀스페이스를 지원합니다. 비즈니스와 엔터프라이즈는
이 책에서는 다루지 않습니다.

신규 기능인 AI를 사용할 경우 요금이 추가됩니다. Chat GPT처럼 생성형 인공지능을 활용하는 기능을 탑재하고 있으며, 글쓰기, 번역, 채우기 등 다양한 생성형 기능을 제공합니다. AI 기능은 'PART4-§6 AI 기능으로 글쓰기'에서 자세한 내용을 확인할 수 있습니다.

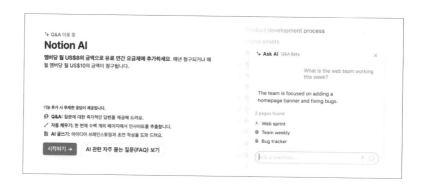

PART 02

노선 기본 이해하기

노션에서 가장 기본적으로 사용되는 기능을 알아봅니다. 노션의 구조를 파악하고, 페이지 생성 및 다양한 블록의 기능과 활용법에 대해 배워봅니다.

기본 구조 파악하기

노션의 기본 구조인 워크스페이스에 대해 알아봅니다.

노션 계정을 생성하면 워크스페이스가 생성됩니다. 워크스페이스는 하나의 작업 공간입니다. 하나의 계정으로 여러 개의 워크스페이스를 생성할 수 있습니다.

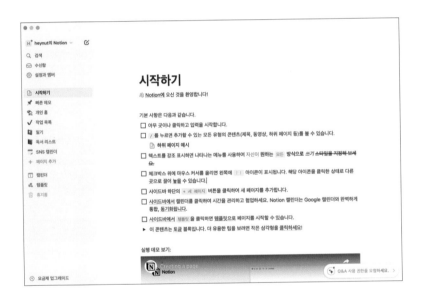

워크스페이스는 크게 사이드바와 페이지로 이루어져 있습니다. 좌측 영역은 사이드바로, 노션에서 목차 역할을 합니다. 우측 영역은 페이지로 대부분의 글을 작성하는 공간입니다. 주로 사용하게 될 작업 공간입니다.

사이드바   페이지

다른 사람과 워크스페이스를 공유할 경우, 사이드바가 '팀스페이스' 섹션과 '개인 페이지' 섹션으로 구분됩니다. '팀스페이스'는 다른 사람과 공유할 수 있는 페이지고, '개인 페이지'는 공유되지 않는 페이지입니다. 각 페이지끼리 블록을 자유롭게 옮길 수 있습니다.

블록은 페이지를 구성하는 기본 요소입니다. 텍스트 혹은 이미지 등 각각의 콘텐츠를 작성할 수 있는 공간입니다. 블록에 대한 자세한 내용은 'PART2−§4 블록 알아보기'에서 확인할 수 있습니다.

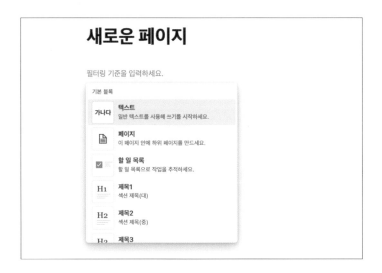

2 페이지 생성하기

노션의 기본인 페이지 생성 방법을 알아봅니다.

노션에서 새로운 페이지를 생성하는 데에는 세 가지 방법이 있습니다. 첫 번째로 [Notion] 옆의 글쓰기 아이콘인 [새 페이지 만들기]를 클릭합니다.

새로운 빈 페이지가 생성됩니다.

두 번째 방법입니다. 사이드바에서 [페이지 추가]를 눌러 페이지를 추가합니다. 빈 페이지가 생성됩니다.

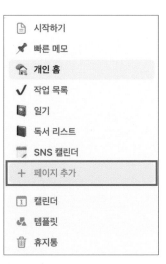

사용중인 페이지와 같은 양식으로 페이지를 생성하고 싶을 경우, 페이지 옆의 [⋯]을 눌러 기존 페이지를 그대로 복사할 수 있는 복제 기능을 사용합니다. [복제]를 클릭하면 동일한 페이지가 생성됩니다.

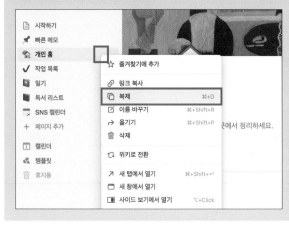

이미 생성된 페이지 내에 하위 페이지를 생성할 수도 있습니다. 페이지명 옆의 [+]를 눌러 [하위 페이지 추가]를 클릭합니다. 페이지 내에 페이지가 생성됩니다.

세 번째 방법입니다. 빈 페이지 안에서 명령어 '/' 혹은 [+]를 눌러 블록 리스트를 표시합니다. 여기서 페이지를 선택하면 새로운 페이지가 생성되며, 기본 페이지의 하위 페이지로 생성됩니다. 만들어진 하위 페이지는 좌측 사이드바에도 표시됩니다.

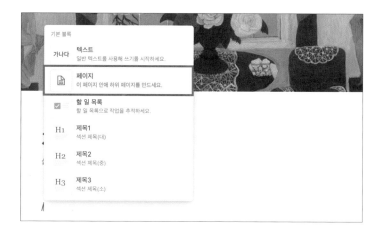

3 페이지 설정하기

페이지를 원하는 방식으로 설정하고, 디자인을 변경하는 방법을 알아봅
니다.

[아이콘 추가], [커버 추가] 기능으로 페이지를 원하는 모습으로 구성
할 수 있습니다.

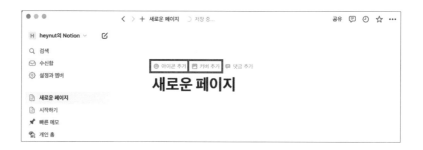

[아이콘 추가] 기능으
로 페이지를 구분하는
아이콘을 설정할 수 있
습니다. 이모지, 아이
콘, 지정 이미지로 설
정할 수 있으며, 설정
한 아이콘 모양은 사이
드바에도 표시됩니다.

[커버 추가] 기능으로 페이지의 배경을 원하는 이미지로 설정할 수 있습니다.

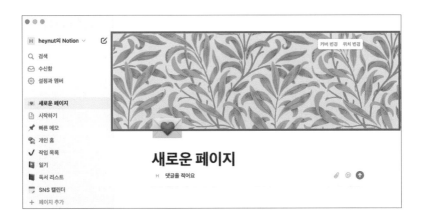

[댓글 추가] 기능으로 가장 상단에 메모를 작성할 수 있습니다. 다른 사람과 공용으로 작업 공간을 사용하는 경우 유용하게 활용할 수 있는 기능입니다. '@메뉴'로 다른 사람을 멘션하여 댓글을 다는 것도 가능합니다.

상단 바의 ⋯를 눌러 페이지의 스타일을 설정할 수 있습니다. ❶ 폰트 종류를 지정할 수 있으며, ❷ 텍스트 크기를 크게/작게 조정할 수 있습니다. ❸ 페이지 너비를 넓게/좁게 설정할 수 있습니다. 이 외에 이메일 추가, 페이지 공유, 읽기 전용, 편집 허용 설정 가능 등 다양한 옵션을 확인할 수 있습니다. 공유 옵션과 관련된 내용은 'PART4-§5 페이지 공유하기'에서 확인할 수 있습니다.

4 블록 알아보기

블록은 페이지를 구성하는 기본 요소입니다. 텍스트와 이미지 등 각각의 콘텐츠를 작성할 수 있는 공간입니다. 블록의 기본 개념과 사용하는 방법에 대해 알아봅니다.

블록이란

블록은 노션 페이지를 구성하는 하나의 레고 조각이라고 말할 수 있습니다. 페이지가 완성된 레고 모형이라면, 블록은 레고 조각 하나하나를 의미합니다. 여러 블록을 조합하여 하나의 페이지를 구성할 수 있습니다.

명령어 '/'를 입력하면 노션에서 사용 가능한 모든 블록을 확인할 수 있습니다. 블록의 종류에는 기본 블록, 미디어 블록, 임베드, 고급 블록 등이 있습니다.

POINT

블록 종류를 선택하지 않고 글을 작성하면 자동으로 텍스트 블록을 사용하게 됩니다.

또한 '/'를 입력한 후 원하는 블록의 이름을 입력하면 바로 블록의 종류를 선택할 수 있습니다. 예를 들어 '/페이지'를 입력하면 즉시 페이지 블록을 생성할 수 있습니다.

간단한 준비물 리스트 페이지를 예시로 블록의 종류를 구분해 보겠습니다. 노션에서는 여러 종류의 블록을 조합하여 원하는 페이지를 구성할 수 있습니다.

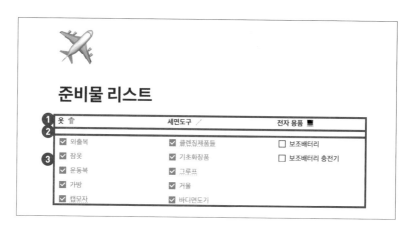

❶ 옷, 세면도구 등 제목이 작성된 곳은 텍스트 블록입니다.

❷ 텍스트 하단의 구분선도 하나의 블록으로, 구분선 블록입니다.

❸ 외출복, 잠옷 등 체크 리스트도 할 일 목록 블록입니다.

연간 일정

⊞⣿ 2024년 일정

모든 블록의 앞에는 ⊞[더하기], ⣿[이동] 두 가지 버튼이 존재합니다.

⊞[더하기] 버튼을 클릭하면 해당 블록 하단에 새로운 블록을 생성할 수 있고, [option] + ⊞를 클릭하면 해당 블록 상단에 새로운 블록을 생성할 수 있습니다.

⣿[이동] 버튼을 클릭한 채로 블록을 드래그하면 블록 간의 순서를 변경할 수 있습니다.

연간 일정

2024년 일정
2024년 일정
2025년 일정

연간 일정

2025년 일정
2024년 일정

블록을 클릭한 채로 다른 블록의 양쪽 수평 모서리로 드래그하면 블록을 그리드 형태로 배치할 수 있습니다. 준비물 리스트 예시의 옷, 세면도구, 전자 용품도 이러한 방식으로 생성한 것입니다.

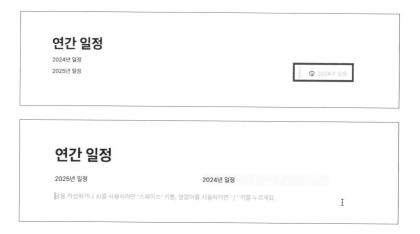

[메뉴] 버튼을 클릭하면 블록을 편집할 수 있는 메뉴가 나타납니다. 댓글 작성, 삭제, 복제, 다른 타입의 블록으로 전환, 페이지로 전환 등의 편집이 가능합니다.

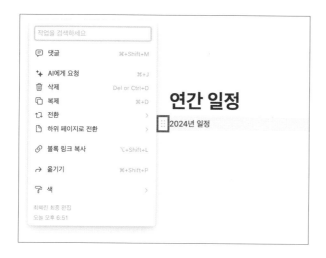

기본적인 기능을 설명하면 다음과 같습니다.

- 💬 댓글: 해당 블록에 댓글을 작성할 수 있습니다. 댓글 기능에 대한 더 자세한 내용은 'PART5-§7 협업 툴로 활용하기'에서 확인할 수 있습니다.
- 🗑 삭제: 해당 블록을 삭제할 수 있습니다.
- 📋 복제: 똑같은 타입과 내용의 블록으로 복제할 수 있습니다.
- 🔄 전환: 내용을 유지하면서 다른 타입의 블록으로 전환이 필요한 경우 사용할 수 있습니다.
- 📄 하위 페이지로 전환: 해당 페이지의 하위 페이지를 생성함과 동시에 해당 블록의 내용을 페이지에 할당할 수 있습니다.
- 🔗 블록 링크 복사: 선택한 블록의 링크를 복사할 수 있습니다. 특정 블록으로 바로 이동해야하는 경우 해당 기능을 활용할 수 있습니다.
- ↗ 옮기기: 해당 블록을 원하는 페이지나 워크스페이스로 이동시킬 수 있습니다.

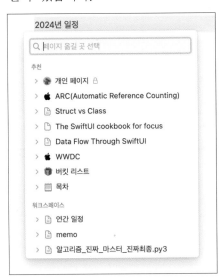

📍 색: 블록을 스타일링할 수 있습니다. 색을 선택하여 블록의 텍스트 색을 변경할 수 있습니다. 배경색 선택을 통해 블록 전체의 배경색을 변경할 수도 있습니다.

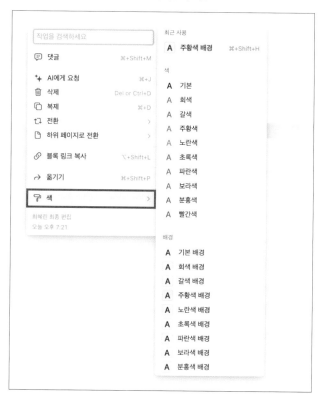

연간 일정

2024년 일정

⠿ 글을 작성하거나 AI를 사용하려면 '스페이스' 키를, 명령어를

연간 일정

2024년 일정

글을 작성하거나 AI를 사용하려면 '스페이스' 키를, 명령어를 사용하려면 ' / ' 키를 누르세요.

5 기본 블록

가장 많이 활용되는 텍스트 기반의 기본 블록 종류와 기능에 대해 알아 봅니다.

텍스트

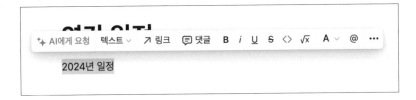

가장 기본적인 텍스트 블록입니다. 노션에서 블록 타입을 변경하지 않고 바로 내용을 작성하는 경우 기본적으로 생성되는 블록입니다.

텍스트를 드래그하면 텍스트 블록을 편집할 수 있는 상세 메뉴를 확인할 수 있습니다.

텍스트 블록을 편집할 수 있는 메뉴는 다음과 같습니다.

❶ 굵게

2024년 일정

❷ 기울임꼴로 표시

2024년 일정

❸ 밑줄

<u>2024년 일정</u>

❹ 취소선

~~2024년 일정~~

❺ 코드로 표시

`2024년 일정`

❻ 수학 공식 만들기

2024년 일정

글자색이나 배경색을 변경하여 텍스트를 스타일링할 수도 있습니다.

2024년 일정	2024년 일정
▲ 글자색 변경	▲ 배경색 변경

페이지

> **연간 일정**
> 📄 2024년 일정

페이지도 하나의 블록으로 사용됩니다. 'PART2-§2 페이지 생성하기'의 내용처럼 페이지 내에 페이지 블록을 생성할 경우, 페이지의 하위 페이지로 생성됩니다. 현재 노션은 개수 제한없이 하위 페이지를 생성할 수 있습니다.

할 일 목록

> **연간 일정**
> ☑ 일정 세우기
> ☐ 컨펌 받기

할 일 목록 블록으로 체크 박스가 있는 블록을 생성할 수 있습니다. 체크 박스를 클릭하여 완료 처리를 할 수 있습니다.

제목1, 제목2, 제목3

> **연간 일정**
>
> **2024년 일정**
>
> **5월 첫째주**
>
> **해야할 일 목록**

제목1, 제목2, 제목3은 제목을 사이즈별로 생성할 수 있는 블록입니다. 노션은 마크다운 형식을 지원하기 때문에 마크다운 단축어를 활용하여 편리하게 생성할 수 있습니다. 마크다운이란 텍스트 기반의 마크업 언어로, 이를 사용하면 비교적 쉽게 콘텐츠를 작성할 수 있습니다. 마크다운 단축어는 '단축키, 명령어'에서 확인할 수 있습니다.

표

행과 열로 구성된 간단한 표를 생성할 수 있습니다.

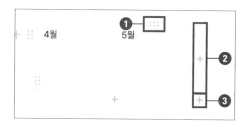

❶ ⬚[표_이동] 버튼을 클릭하여 행, 열을 한 번에 이동할 수 있으며 ❷ ⬚[표_더하기] 버튼을 클릭하여 행, 열을 각각 한 개씩 추가할 수 있습니다. 또한 모서리의 ❸ ⊞[표_행열더하기] 버튼을 클릭하면 행, 열을 동시에 한 개씩 추가할 수 있습니다.

글머리 기호 목록

연간 일정
- 4월 일정
- 5월 일정

글머리 기호가 포함된 목록을 작성할 수 있습니다. 명령어 '−' 입력
후 `space` 를 한 칸 입력하면 자동으로 글머리 기호가 생성됩니다.

번호 매기기 목록

연간 일정
1. 4월 일정
2. 5월 일정

번호 작성 후 '.'을 입력하면 자동으로 번호 매기기 목록이 생성됩니
다. 그 후 `Enter` 를 누르면 이어진 번호로 목록이 추가 생성됩니다.

목록 간에 계층을 두고자 하는 경우에는 번호 매기기 목록 스타일이
적용된 상태에서 `Tab` 을 누릅니다. 해당 줄이 들여쓰기 되면서 기존
의 숫자 번호와는 다른 하나의 알파벳 번호가 매겨집니다.

연간 일정

1. 4월 일정
2. 4월 첫째주 일정
3. 5월 일정

연간 일정

1. 4월 일정
   a. 4월 첫째주 일정
2. 5월 일정

토글 목록

연간 일정

▶ 앞으로 해야할 일

연간 일정

▼ 앞으로 해야할 일
   ☐ 5월 일정 세우기
      → 일정 세운 후 컨펌 받아야함

하나의 블록 안에 콘텐츠를 넣을 수 있는 토글 기능입니다. 토글 블록을 생성한 후 클릭하면 내용 노출 여부를 변경할 수 있습니다. ▶상태일 때는 콘텐츠가 숨겨져 있으며, 한 번 클릭해 ▼상태로 변경하여 콘텐츠를 표시할 수 있습니다.

인용

연간 일정

일반 텍스트 블록 내용

| 인용하고자 하는 내용

특정 텍스트를 분리해서 강조할 수 있는 블록입니다. 주로 다른 텍스트를 인용할 때 많이 사용합니다.

구분선

··

연간 일정

첫번째 단락

두번째 단락

구분선을 통해 내용을 분리시킬 수 있습니다.

페이지 링크

··

노션의 다른 페이지를 가져올 수 있는 링크를 생성할 수 있는 블록입니다.

해당 기능을 통해 링크를 생성하면, 링크의 목적지인 페이지에서 해당 페이지를 언급한 페이지들을 확인할 수 있습니다. 이를 페이지에 대한 백링크라고 합니다.

연간 일정

⚠️ 주의해야할 내용

테두리와 함께 주목해야하는 내용을 강조할 수 있는 블록입니다.

콜아웃 블록의 아이콘을 클릭하면 다른 아이콘으로 변경할 수 있습니다.

6 미디어 블록

이미지, 동영상 등 텍스트가 아닌 미디어 블록의 종류와 기능에 대해 알아봅니다.

이미지

이미지를 표시할 수 있는 블록입니다.

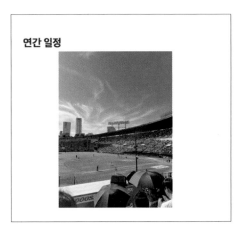

노션에 이미지를 넣는 방법은 두 가지가 있습니다. 이미지 블록을 활용하는 방식과 이미지 파일을 원하는 위치에 드래그 앤 드랍하여 넣는 방식입니다.

이미지 블록을 생성하면 다음과 같이 이미지를 선택할 수 있는 여러 방식을 확인할 수 있습니다.

❶ 업로드: 로컬에 저장되어 있는 파일을 업로드할 수 있습니다.

❷ 링크 임베드: 이미 리모트에 업로드되어 있는 파일의 경우, 링크를 통해 이미지 파일을 불러올 수 있습니다.

❸ Unsplash, ❹ GIPHY: 노션은 이미지 소스 파일을 제공하는 사이트인 Unsplash, GIPHY와 연동되어있어, 키워드를 검색해 원하는 이미지를 선택할 수 있습니다.

이미지 편집하기

- 사이즈 조절: 업로드한 이미지의 사이즈 조절이 가능합니다.

이미지 양 옆에 표시되는 불투명한 바에 마우스를 올린 후 안쪽으로 드래그하여 사이즈를 줄이거나 바깥쪽으로 드래그하여 사이즈를 키울 수 있습니다.

- 이미지 편집 메뉴: 이미지에 마우스를 올리면 다음과 같은 편집 메뉴가 뜨는 것을 확인할 수 있습니다.

❶ 댓글: 이미지에 댓글을 추가할 수 있습니다.

❷ 맞춤: 이미지의 맞춤 형태를 변경할 수 있습니다. 기본적으로 이미지를 추가하면 중앙으로 정렬됩니다. 맞춤 메뉴로 이미지를 좌측, 가운데, 우측으로 정렬할 수 있습니다.

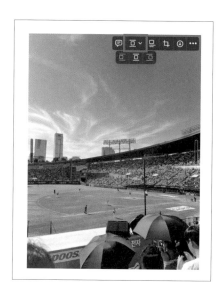

▲ 〈정렬 전〉

▲ 〈좌측 정렬 후〉

❸ 캡션: 이미지에 대한 설명을 작성할 수 있습니다.

야구장 이미지입니다.

❹ 이미지 자르기: 이미지를 원하는 비율과 사이즈로 조정하여
자를 수 있습니다.

❺ 다운로드: 업로드한 이미지 중 원하는 이미지를 선택하여 다운로드할 수 있습니다. 다운로드시 위치 및 이름을 수정하여 저장할 수 있습니다.

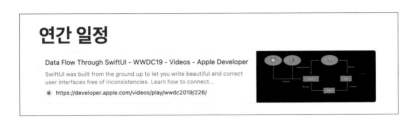

북마크 블록을 활용하면 링크에 대한 내용을 시각적으로 생성할 수 있습니다. 북마크를 생성하는 방법은 두 가지가 있습니다.

첫 번째는 북마크 블록을 생성한 후 링크를 추가하는 방식입니다.

두 번째는 원하는 링크를 작성하거나 붙여넣으면 자동으로 우측 하단에 나타나는 메뉴를 활용하는 방식입니다. 해당 기능에서 [북마크 생성] 버튼을 클릭하여 생성할 수 있습니다.

동영상

원하는 동영상을 페이지에 추가할 수 있습니다. 동영상 또한 링크로 삽입하거나 로컬에 있는 파일을 업로드할 수 있습니다.

오디오

연간 일정

▶ 0:00 / 0:00 ◀)) ⋮

원하는 오디오 파일을 페이지에 추가할 수 있습니다. 오디오 또한 동영상과 마찬가지로 링크로 삽입하거나 로컬에 있는 파일을 업로드할 수 있습니다.

코드

```swift
class Person {
    let name: String
    init(name: String) { self.name = name }
    var apartment: Apartment?
    deinit { print("\(name) is being deinitialized") }
}

class Apartment {
    let unit: String
    init(unit: String) { self.unit = unit }
    weak var tenant: Person?
    deinit { print("Apartment \(unit) is being deinitialized") }
}

var john: Person?
var unit4A: Apartment?

john = Person(name: "John Appleseed")
unit4A = Apartment(unit: "4A")

john!.apartment = unit4A
unit4A!.tenant = john
```

개발 코드를 입력하는 블록입니다. 코드를 입력할 경우 가독성을 높여주는 언어별 서식을 적용할 수 있습니다.

```swift
class Person {
    let name: String
    init(name: String) { self.name = nam
    var apartment: Apartment?
    deinit { print("\(name) is being dei
}

class Apartment {
    let unit: String
```

The dropdown showing language selection:

```
Swift ∨

언어를 검색하세요
PowerShell
Prolog
Protobuf
PureScript
Python
R
Racket
Reason
Ruby
Rust
Sass
Scala
Scheme
Scss
Shell
Solidity
```

R ∨   복사 캡션 ···

```
class Person {
    let name: String
    init(name: String) { self.name = name }
    var apartment: Apartment?
    deinit { print("\(name) is being deinitialized") }
}

class Apartment {
    let unit: String
    init(unit: String) { self.unit = unit }
    weak var tenant: Person?
    deinit { print("Apartment \(unit) is being deinitialized") }
}

var john: Person?
var unit4A: Apartment?

john = Person(name: "John Appleseed")
unit4A = Apartment(unit: "4A")

john!.apartment = unit4A
unit4A!.tenant = john
```

코드 블록의 좌측 상단에 마우스를 올리면 설정된 언어를 변경할 수 있는 설정창이 나타납니다. 표시된 언어 중 원하는 언어를 선택하여 변경하면 해당 언어에 대한 서식이 적용되는 것을 확인할 수 있습니다.

파일

> **연간 일정**
>
> 📄 **샘플파일.pdf** 241.0KB

파일을 삽입할 수 있는 블록입니다. 파일 확장자와 상관없이 모든 종류의 파일을 페이지에 추가할 수 있습니다.

7 임베드 블록

노선에서는 임베드(삽입) 기능을 적극적으로 활용할 수 있습니다. 외부 서비스를 노선 서비스 내에서 사용할 수 있도록 하는 임베드 블록의 종류를 알아봅니다.

다양한 임베드 기능 중, 가장 많이 사용되는 임베드 블록의 세 가지 종류에 대해 알아보겠습니다. 임베드 블록의 자세한 예시는 노선 공식 사이트(https://www.notion.so/ko-kr/help/embed-and-connect-other-apps)에서 확인할 수 있습니다.

- PDF: PDF 파일을 임베드하여 내용을 바로 확인할 수 있습니다. 페이지 내에 추가할 수 있습니다.

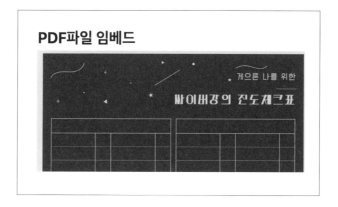

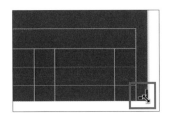

PDF파일 임베드

이미지 사이즈를 조절하듯, 양 끝 모서리에 마우스를 올려 클릭 후 드래그하면 해당 임베드 파일의 사이즈를 조절할 수 있습니다.

- Google Maps: Google Maps 서비스의 링크를 통해 원하는 지역의 지도를 임베드할 수 있습니다. 여행과 관련된 페이지를 구성할 때 유용하게 사용할 수 있습니다.

- Figma : 링크를 통해 피그마 파일을 임베드하여 디자인 결과물을 노션에서 바로 확인할 수 있습니다.

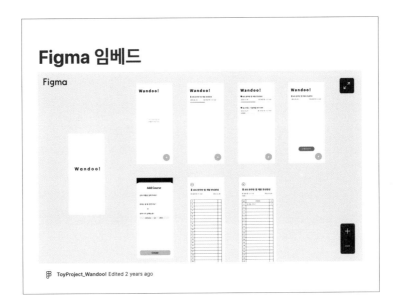

● Google Drive: Google Drive에 저장된 파일의 URL을 연동하여
해당 파일의 미리보기를 노션에 임베드 할 수 있습니다.
'/' 명령어 입력 후 '드라이브'를 입력하여 Google Drive 임베드
블록을 생성합니다.

임베드 할 파일의 URL을 입력한 후 [링크] 버튼을 클릭합니다.

이전에 연동하지 않은 계정이라면 [Google Drive에 연결해 미리
보기] 버튼이 나타납니다. 클릭하여 구글 로그인 페이지로 이동
합니다.

이동하여 해당 Drive의 계정으로 로그인을 진행합니다.

로그인 성공 후 리다이렉트 팝업이 뜹니다. 허용 버튼을 클릭하여 노션으로 돌아갑니다.

해당 파일의 미리보기가 노션에 임베드된 것을 확인할 수 있습니다.

- Github Gist: Github Gist에 업로드된 코드를 임베드할 수 있습니다.

'/' 명령어 입력 후 'Github Gist'를 입력하여 Github Gist 임베드 블록을 생성합니다.

임베드 할 Gist의 URL을 입력한 후 [Gist 임베드] 버튼을 클릭합니다.

코드가 임베드된 것을 확인할 수 있습니다.

```
1   import React
2   import UIKit
3
4   class SecureImageView: UIView {
5     @objc var url: String = "" {
6       didSet {
7         do {
8           let imageUrl = URL(string: url)
9           let data = try Data(contentsOf: imageUrl!)
10          let image = UIImage(data: data)
11
12          imageView.image = image
13
14          let imageWidth = image!.size.width
15          let imageHeight = image!.size.height
16          let viewWidth = UIScreen.main.bounds.width
17          let ratio = viewWidth / imageWidth
18          let scaledHeight = imageHeight * ratio
19
20          imageView.frame = CGRect(x: 0, y: 0, width: viewWidth, height: scaledHeight)
21          self.frame = CGRect(x: 0, y: 0, width: viewWidth, height: scaledHeight)
22
23          let field = UITextField()
24          field.isSecureTextEntry = true
25          imageView.addSubview(field)
26
27          imageView.layer.superlayer?.addSublayer(field.layer)
28          field.layer.sublayers?.first?.addSublayer(imageView.layer)
29        } catch {
30          print(error)
31        }
32      }
33    }
34
35    var imageView: UIImageView!
36
37    override init(frame: CGRect) {
```

8 고급 블록

노션의 고도화된 기능을 활용하는 고급 블록의 종류와 기능에 대해 알아봅니다.

수학 공식 블록

> # 수학 공식
>
> $$x^n + y^n = z^n$$

노션에서는 LaTeX 문법을 지원하는 KaTeX 라이브러리를 통해 수학 공식을 렌더링하여 표시할 수 있습니다.

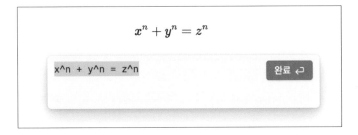

블록을 클릭하면 공식을 수정할 수 있습니다.

인라인 수학 공식 블록으로 텍스트 내에 수학 공식을 포함시킬 수 있습니다.

템플릿 버튼

템플릿 버튼

오늘의 루틴

반복적으로 사용하는 블록의 조합을 템플릿화하여 버튼 클릭으로 해당 행동을 실행시킬 수 있는 블록입니다.

오늘의 루틴 ⚙

버튼 우측의 [설정] 버튼을 클릭하
여 블록의 조합을 수정할 수 있습
니다.

템플릿화할 수 있는 조합은 다음과 같습니다.

- 블록 삽입: 원하는 블록을 삽입할 수 있습니다.

┌───┐
│ ▢ 버튼 아래 ∨ **블록 삽입**   │
│   │
│ ☐ 러닝하기   │
└───┘

- 페이지 추가: 원하는 데이터베이스를 선택하여 페이지를 추가할
  수 있습니다.

┌───┐
│ + 데이터베이스 선택 ∨ 에 **페이지 추가**   │
└───┘

- 페이지 편집: 원하는 데이터베이스를 선택하여 편집할 수 있습
  니다.

┌───┐
│ ∠ 데이터베이스 선택 ∨ **편집**   │
└───┘

● 확인 표시: 원하는 메세지와 계속, 취소 버튼의 텍스트를 지정하여 확인 창을 띄웁니다. 버튼 클릭 결과에 따라 다음 액션 진행 여부를 결정할 수 있습니다.

⑦ **확인 표시**	
확인 메시지	
계속하시겠습니까?	
계속 버튼 텍스트	
계속	
취소 버튼 텍스트	
취소	

● 페이지 열기: 페이지를 선택하여 원하는 보기 모드로 열 수 있습니다.

↗ 페이지 선택 ⌄**열기** 중앙에서 보기 ⌄**에서**

다음과 같이 템플릿을 생성한 후 템플릿 버튼을 클릭합니다.

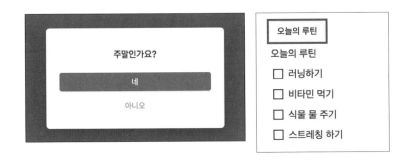

사용자가 확인 창에서 누르는 버튼 이벤트에 따라 다음과 같이 템플릿화 된 블록들이 생성되는 것을 확인할 수 있습니다. 해당 기능을 활용한 실전 예제는 'PART5-§3 대시보드 만들기'에서 자세하게 확인할 수 있습니다.

이동 경로

세번째 페이지

첫번째 페이지 / 두번째 페이지 / 세번째 페이지

현재 페이지의 위치(경로)를 확인하고, 원하는 페이지를 클릭해서 이동할 수 있는 블록입니다. 여러 페이지가 중첩되어 있는 경우 유용하게 활용할 수 있습니다.

목차

페이지 내에 있는 모든 제목에 대한 목차를 볼 수 있습니다. 제목을 클릭하면 해당 제목이 있는 블록으로 이동합니다.

목차

첫번째 제목
　두번째 제목
　　세번째 제목
네번째 제목
　다섯번째 제목

첫번째 제목

두번째 제목

세번째 제목

네번째 제목

9 검색 기능 사용하기

노션에 많은 내용이 있는 경우 유용하게 사용할 수 있는 검색 기능을 알아봅니다. 필터를 통해 원하는 정보를 빠르게 찾을 수 있습니다.

좌측 사이드바의 [검색]을 누르거나 단축키 [Ctrl]+[P]를 눌러 검색 기능을 실행합니다.

원하는 검색어를 클릭하면 단어가 포함된 페이지가 검색 결과로 나
타납니다. 예를 들어 '콘텐츠'를 검색어에 넣으면 '콘텐츠'가 포함된
'콘텐츠 캘린더' 페이지와 '콘텐츠'라는 단어가 포함된 전체 블록이
결과로 나타납니다. 원하는 내용을 클릭하여 해당 페이지로 이동할
수 있습니다.

검색 결과가 많아 빠르게 찾을 수 없다면 필터 기능으로 구체화할 수
있습니다. 검색창 우측의 [필터 표시]를 클릭합니다.

원하는 조건에 맞춰 필터를 설정합니다. [제목만], [검색 범위] 등으로 추가 필터를 걸어 결과를 확인할 수 있습니다. 예를 들어 [제목만] 필터를 설정할 경우, 페이지 제목에 해당하는 결과만 나타납니다.

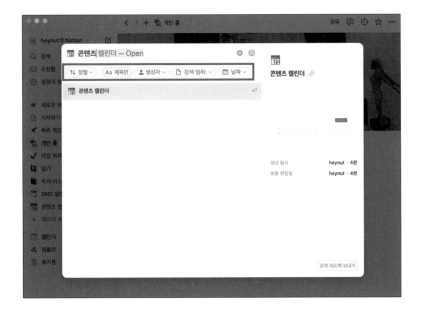

PART 03

데이터베이스 활용하기

노션은 강력한 데이터베이스 기능을 제공합니다. 데이터베이스의 기본적인 사용법과 관계형, 롤업 등 여러 데이터베이스를 연동하여 사용할 수 있는 기능에 대해 알아봅니다.

1 데이터베이스의 기본

데이터베이스는 블록을 데이터베이스화하여 표, 갤러리, 리스트, 캘린더 등의 방식으로 표시하는 기능입니다. 데이터베이스의 종류와 사용 방식을 알아봅니다.

데이터베이스 생성하기

'/' 명령어를 입력한 후 '데이 터베이스'를 입력하면 데이터 베이스 종류를 확인할 수 있 습니다. 예시로 표 데이터베 이스를 생성해 보겠습니다. [표 보기]를 선택합니다.

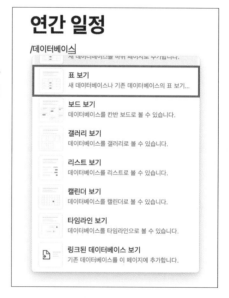

데이터베이스를 생성할 때 새로운 데이터베이스를 생성할 것인지, 기존의 데이터베이스와 연동할 것인지 선택할 수 있습니다. [새 표] 를 클릭하면 새로운 데이터베이스를 생성하는 것입니다.

▲ 새로 생성된 표

전체 페이지 데이터베이스, 인라인 데이터베이스

노션의 데이터베이스는 전체 페이지 데이터베이스와 인라인 데이터베이스로 구분할 수 있습니다. 데이터베이스로 하나의 페이지를 생성하고 싶다면 전체 페이지 데이터베이스를 사용하고, 페이지 내에 데이터베이스와 다른 정보를 함께 넣고 싶다면 인라인 데이터베이스를 사용합니다. 앞선 데이터베이스 생성하기에서 사용한 방식은 인라인 데이터베이스 생성 방식입니다.

전체 페이지 데이터베이스와 인라인 데이터베이스는 하나의 데이터베이스를 대상으로 두 방식 간에 전환이 가능합니다.

먼저 인라인 데이터베이스를 페이지 데이터베이스로 전환하는 방식입니다. 인라인 데이터베이스 좌측의 ⬚ 버튼을 클릭한 후 [페이지로 전환]을 클릭하면 전체 페이지 데이터베이스로 전환됩니다.

▲ 인라인 데이터베이스

▲ 전체 페이지 데이터베이스

변경된 전체 페이지 데이터베이스를 클릭하면 다음과 같은 데이터베이스를 확인할 수 있습니다.

반대로 전체 페이지 데이터베이스를 인라인 데이터베이스로 전환하는 방식을 알아봅니다. 데이터베이스 페이지 밖으로 나가 페이지명 좌측의 :::: 버튼을 클릭합니다. [인라인으로 전환]을 클릭하면 인라인 데이터베이스로 전환할 수 있습니다.

▲ 전체 페이지 데이터베이스

▲ 인라인 데이터베이스

데이터베이스 종류

노선은 다양한 포맷의 데이터베이스를 지원하고 있습니다. 데이터의 사용 목적이나 종류에 따라 적절한 데이터베이스를 선택하여 활용할 수 있습니다.

● 표: 행과 열로 이루어진 데이터베이스입니다. 각 행 별 속성을 자세하게 볼 수 있으며 열 별 데이터를 계산할 수 있습니다. 일반적으로 가장 많이 사용하는 데이터베이스입니다.

● 보드: 칸반보드(업무 단계를 열별로 나타내는 도구) 형태의 데이터베이스입니다. 업무를 관리하기에 적합한 데이터베이스이며 원하는 속성별로 구분하여 그룹화할 수 있습니다.

- 갤러리: 갤러리는 데이터 시각화에 가장 적합한 데이터베이스입니다. 이미지 혹은 데이터를 강조해야할 때 갤러리를 활용하면 좋습니다.

- 리스트: 가장 간단한 데이터베이스입니다. 제목과 최소한의 속성만이 표시되며 메모장으로 활용하기 좋은 데이터베이스입니다.

● 캘린더: 달력 기반의 데이터베이스입니다. 일정이 중요한 데이터를 관리해야하는 경우 활용하기 좋습니다.

● 타임라인: 데이터를 시간순으로 정렬하고 시각화할 수 있는 데이터베이스입니다. 진행도와 같은 데이터를 관리하기 유용합니다.

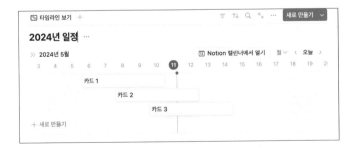

데이터베이스 보기

노션 데이터베이스의 가장 큰 장점은 보기 방식을 간편하게 변경할 수 있다는 점입니다. 여러 보기 방식을 저장해두면 동일한 내용을 여러 포맷으로 확인할 수 있습니다.

데이터베이스 상단에서 보기 방식을 추가하거나 삭제, 수정할 수 있습니다.

표 데이터베이스 예제로 확인해 보겠습니다.

데이터베이스 상단에 마우스를 올리면 보기 방식 옆에 ⊞ 버튼이 나타납니다.

⊞ 버튼을 클릭하면 [새 보기]가 생성됩니다. 기존 데이터베이스를 다른 형태로 볼 수 있도록 설정하거나 필터링, 정렬을 수정하여 볼 수 있는 기능입니다.

[캘린더]를 클릭합니다.

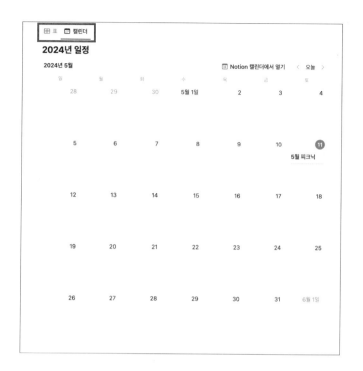

기존의 표 데이터를 캘린더 형식으로 변경해서 볼 수 있는 새로운 보기가 생성되었습니다.

상단 보기를 클릭하여 [이름 바꾸기], [편집], [복제], [제거] 등 보기를 편집할 수도 있습니다.

노션은 데이터베이스 필터링 및 정렬을 지원하여 데이터를 보다 쉽게 관리할 수 있습니다.

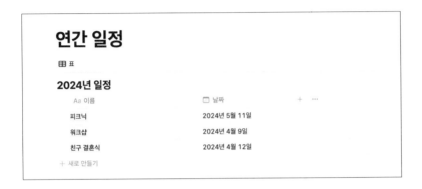

데이터베이스 우측 상단의 버튼으로 필터링과 정렬 기능을 사용할 수 있습니다.

[필터] 버튼을 클릭하면 현재 데이터베이스의 속성 중 필터링할 속성을 선택할 수 있습니다.

[날짜]를 선택하면 다음과 같이 필터링할 조건을 선택할 수 있는 날짜 창이 표시됩니다. 원하는 기간을 설정하여 해당 기간에 포함되는 데이터만 표시할 수도 있고 특정 날짜를 기준으로 전, 후 데이터만 필터링할 수도 있습니다.

이 외에도 필터 추가를 통해 여러 조건의 필터링을 적용할 수 있습니다. 속성별로 필터링할 수 있는 조건이 다르기 때문에 적용 전 개별적인 확인이 필요합니다.

데이터베이스를 정렬하는 과정도 동일합니다. [정렬] 버튼을 클릭하면 정렬 기준이 되는 속성을 선택할 수 있습니다.

날짜를 선택하면 정렬 기준을 선택할 수 있는 창이 나타납니다. 오름차순과 내림차순 중 원하는 정렬 기준을 선택하여 데이터를 정렬할 수 있습니다.

데이터베이스 그룹화

노션의 데이터베이스는 특정 속성의 값을 기준으로 데이터를 그룹화할 수 있습니다. 특정 값을 가진 데이터들을 모아서 깔끔하게 보고 싶을 때 유용하게 사용할 수 있는 기능입니다.

다음은 여행 예산에 대한 데이터베이스입니다.

데이터베이스 메뉴 우측 상단의 ··· 버튼을 클릭합니다.

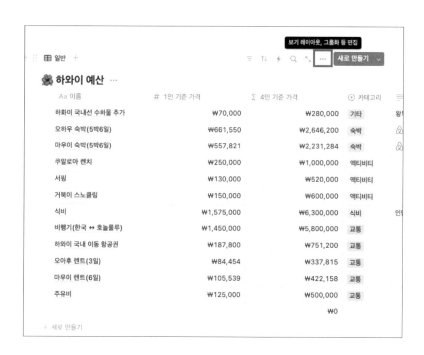

표시된 메뉴에서 그룹화 버튼을 클릭합니다.

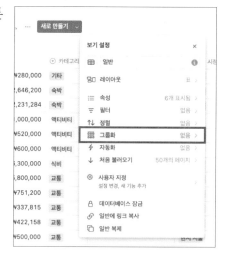

현재 데이터베이스의 속성으
로 추가되어 있는 항목들이
모두 표시됩니다. 그룹의 기
준이 될 속성인 [돈 지불 시
점]을 선택합니다.

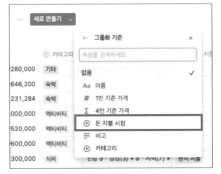

데이터들이 [돈 지불 시점] 속성 값을 기준으로 그룹화 됐습니다.
[돈 지불 시점] 데이터가 존재하면 동일한 값끼리 그룹화됩니다. 만
약 데이터가 존재하지 않으면, 해당 데이터끼리 그룹이 자동으로 생
성됩니다. 예제에서는 [돈 지불 시점 없음]이라는 그룹이 생성되었습
니다.

그룹화를 적용하여 미리 예약한 항목들, 현지 지불이 필요한 항목들
이 어떤 것들인지 한눈에 파악할 수 있도록 데이터베이스를 수정했
습니다.

그룹화를 적용하여 미리 예약한 항목들, 현지 지불이 필요한 항목들이 어떤 것들인지 한눈에 파악할 수 있도록 데이터베이스를 수정했습니다.

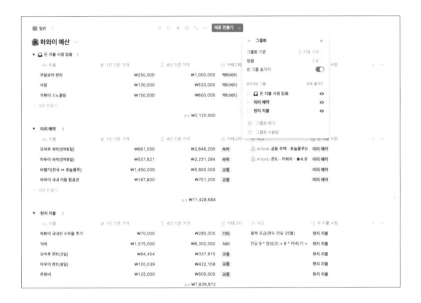

그룹화 옵션 창에서 [기준], [정렬], [빈 그룹 숨기기] 여부, [표시되는 그룹] 등 그룹에 대한 옵션을 수정할 수 있습니다.

2 데이터베이스 속성 알아보기

노션 데이터베이스를 구성하는 속성에 대해 알아보고, 속성을 변경하여
원하는 데이터를 표현하는 방법을 배워봅니다.

데이터베이스 속성

- 텍스트: 간단한 설명을 작성할 수 있는 속성입니다.

≡ 설명
텍스트 속성입니다.

- 숫자: 숫자를 표현할 수 있는 속성입니다. 여러 화폐 단위, 진행률 등의 숫자 형식을 지원합니다. 숫자 외에 막대, 원형 형식으로 볼 수 있는 기능도 지원합니다. 개수, 가격, 진행률 등의 데이터를 표현하는 데 유용합니다.

# 가격	# 진행률
₩320,000	32% ◗

- 선택: 여러 옵션 중 하나의 옵션을 선택할 수 있는 속성입니다. 카테고리 분류가 필요할 때 사용하면 유용합니다.

⊙ 카테고리
쇼핑

- 상태: 데이터의 진행 상태를 표시할 수 있습니다. 크게 [할 일], [진행 중], [해야할 일]로

☼ 상태
● 진행 중

  분류되어 있으며 각 상태별로 태그를 추가하여 해당 태스크의 상태를 관리할 수 있습니다.

- 다중선택: 여러 옵션을 선택할 수 있는 기능입니다. 선택은 하나의 옵션만 선택할 수 있으나,

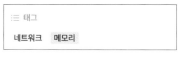

다중선택은 한 데이터에서 여러 옵션을 선택할 수 있습니다.

- 날짜: 날짜를 지정할 수 있습니다. 특정 날짜를 표시하거나 종료일을 포함하여 기간을 표시

할 수 있습니다. 원하는 방식에 따라 연/일/월/시간까지 표시할 수 있습니다. 캘린더 데이터베이스나 타임라인 데이터베이스와 함께 활용하면 일정 관리에 유용하게 활용할 수 있습니다.

- 수식: 노션에서 지원하는 여러 수식을 사용하여 데이터베이스의 데이터들을 활용할 수 있습니다. 자세한 내용은 'PART3-§4 수식 작성의 기본'에서 확인할 수 있습니다.

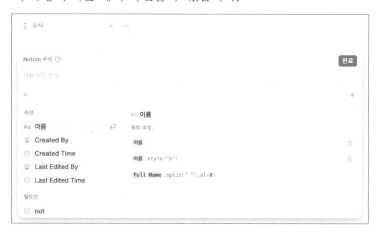

- 관계형: 여러 데이터베이스를 연결하고 페이지를 멘션할 수 있는 관계형 속성입니다. 'PART3-§3 관계형 데이터베이스와 롤업 알아보기'에서 자세한 내용을 확인할 수 있습니다.

- 롤업: 해당 데이터베이스의 속성에 관계형이 추가되어 있을 때 해당 관계형에 대한 속성을 확인할 수 있습니다. 롤업에 대한 자세한 내용은 'PART3-§3 관계형 데이터베이스와 롤업 알아보기'에서 확인할 수 있습니다.

- 사람: 해당 워크스페이스에 포함되어 있는 멤버를 할당할 수 있습니다. 담당자를 지정하거나 멤버를 멘션하여 태

스크를 전달할 때 사용합니다. 협업툴로 사용할 때 특히 유용하며, 실전 활용 방식은 'PART5-§7 협업 툴로 활용하기'에서 확인할 수 있습니다.

- 파일과 미디어: 파일, 이미지를 업로드하여 관리할 수 있습니다.

- 체크박스: 체크박스 체크를 통해 조건의 성립 여부를 나타낼 수 있습니다. 업무 처리 완료 여부 등도 간단하게 나타낼 수 있습니다.

- URL: 링크를 관리할 수 있습니다. 해당 칸을 클릭하면 링크로 바로 연결됩니다.

- 이메일: 이메일을 관리할 수 있습니다. 해당 칸을 클릭하면 기본 이메일 애플리케이션이 실행되며 이메일을 전송할 수 있습니다.

- 전화번호: 전화번호를 입력할 수 있습니다. 해당 칸을 클릭하면 연계된 통화 애플리케이션이 실행되어 통화 연결을 할 것인지 묻는 창이 나타납니다.

- 생성자: 해당 항목을 생성한 사람이 자동으로 등록됩니다. 이는 변경할 수 없는 자동값입니다.

- 최종편집 일시: 해당 항목이 마지막으로 편집된 일시가 기록됩니다. 자동으로 기록되므로 변경할 수 없는 값입니다.

🕐 최종 편집 일시

2024년 6월 4일 오후 8:23

- 최종편집자: 마지막으로 편집한 사람이 기록됩니다. 자동으로 기록되므로 변경할 수 없는 값입니다.

⊙ 최종 편집자

🧑 **최혜린**

- 버튼: 해당 데이터베이스의 속성을 기반으로 작업을 실행할 수 있는 버튼을 할당할 수 있습니다.

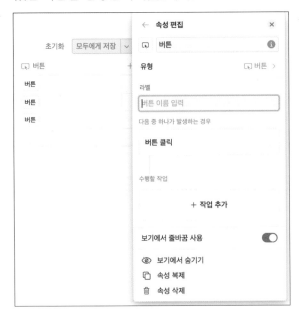

- ID: 항목별로 고유한 값의 ID가 생성
  됩니다. ID와 접두사를 활용한 URL을
  통해 데이터베이스에 접근할 수 있습
  니다.

데이터베이스 속성 변경하기

데이터베이스의 ⊞ 버튼을 클릭하
여 새로운 속성을 추가할 수 있습
니다.

속성 타입을 변경하고 싶다면 해
당 속성 열의 1행을 클릭합니다.

속성을 편집할 수 있는 창이 나타납니
다. 편집창에서 [보기에서 숨기기]를 클
릭하면 해당 속성은 데이터베이스에서
숨겨집니다. 이 외에도 속성 복제 혹은
삭제가 가능합니다. 이 중 편집을 위해
[속성 편집] 버튼을 클릭합니다.

데이터베이스 우측에 속성 편집 창이 나타납니다.

유형 버튼을 클릭하여 데이터베이스 속성 유형을 변경할 수 있습니다. 예를 들어, 다중 선택을 날짜로 변경할 수 있습니다.

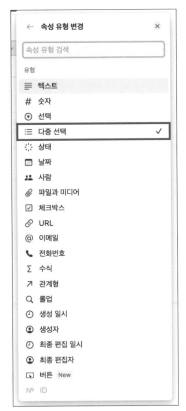

이처럼 각 유형별로 제공되는 옵션을 수정하여 보기 편한 방식으로 데이터베이스를 정돈할 수 있습니다.

속성 간 열 순서를 변경할 수 있습니다. 이동하려는 열을 클릭한 후 오른쪽이나 왼쪽으로 드래그하여 변경합니다. 예를 들어 [텍스트] 열을 드래그하여 왼쪽으로 옮기면 순서가 변경됩니다.

3 관계형 데이터베이스와 롤업 알아보기

관계형 데이터베이스는 두 개 이상의 데이터베이스를 연결할 때 활용하는 기능입니다. 관계형 데이터베이스를 활용하는 방법과 데이터베이스에서 내용을 추출할 수 있는 롤업 기능에 대해 알아봅니다.

관계형 데이터베이스

보통 노션에서 두 개 이상의 데이터베이스를 연결할 때는 관계형 데이터베이스를 활용합니다. 예를 들어 '동네 리스트' 데이터베이스와 '맛집 리스트' 데이터베이스가 있을 때, 해당 동네에 어떤 맛집이 있는지, 해당 맛집은 어떤 동네에 있는지 서로의 속성을 연계하여 활용할 수 있습니다.

먼저 '동네 리스트' 데이터베이스와 '맛집 리스트' 데이터베이스를 생성합니다.

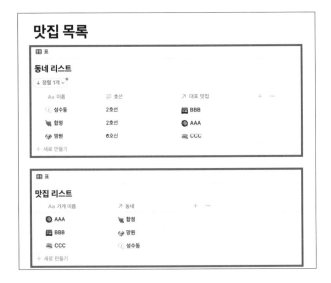

각각의 데이터베이스가 있을 때, 먼저 맛집 리스트 데이터베이스에
새로운 관계형 속성을 추가해 보겠습니다. ⊞ 버튼을 클릭한 후 '관
계형' 유형을 검색해 클릭합니다.

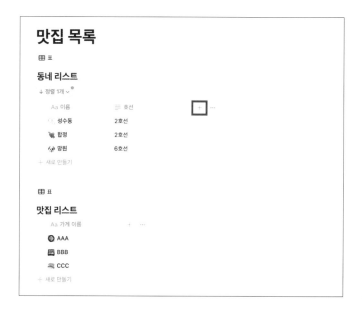

'동네 리스트' 데이터베이스를 검
색한 후 선택합니다.

미리보기를 통해 '맛집 리스트'가
'동네 리스트' 데이터베이스를 참
고하고 있음을 파악할 수 있습니
다. 속성 이름을 '동네'로 변경한
후 관계형 추가 버튼을 클릭하여
관계형을 추가합니다.

데이터베이스에 '동네' 속성이 추가된 것을 확인할 수 있습니다.

각 행을 클릭하면 다음과 같이 '동네 리스트' 데이터베이스에 있는
데이터 리스트가 표시되는 것을 확인할 수 있습니다.

각 데이터에 맞는 페이지를 선택하여 관계형 데이터베이스를 완성합
니다.

관계형 데이터베이스는 단방향으로도 설정할 수 있지만, 양방향으로
설정할 수도 있습니다. '동네 리스트'도 '맛집 리스트'를 참고하도록
관계형 데이터베이스를 생성해 보겠습니다.

동일하게 '동네 리스트' 데이터베
이스에 관계형 속성을 추가합니
다. 이때 관계형 대상은 '맛집 리
스트'입니다.

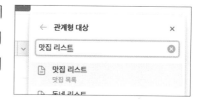

속성명을 '대표 맛집'으로 변경한
후 관계형을 추가합니다.

'대표 맛집' 속성이 생성된 것을 확인한 후 각 행에 맞는 데이터를 지정합니다.

두 개의 데이터베이스를 활용하는 것이 아닌, 하나의 데이터베이스 내부에서 관계형을 생성할 수도 있습니다.

'맛집 리스트' 데이터베이스에 관계형 대상을 동일한 데이터베이스인 '맛집 리스트'로 설정합니다. 관계형 이름을 '근처 식당/카페'로 변경한 후 [관계형 추가]를 클릭합니다.

'식당 AAA'의 '근처 식당/카페' 속성에 '카페 DDD'를 추가합니다. 해당 속성에 하나의 값만 설정하더라도 데이터베이스가 동기화되어 '카페 DDD'의 '근처 식당/카페' 속성에도 자동으로 '식당 AAA'가 추가되는 것을 확인할 수 있습니다.

맛집 리스트

Aa 가게 이름	↗ 동네	↗ 근처 식당/카페
● AAA	🦋 합정	🐟 DDD
🖼 BBB	🐼 망원	🐚 CCC
🐚 CCC	🐱 성수동	🖼 BBB
🐟 DDD	🦋 합정	● AAA
+ 새로 만들기		

롤업

롤업이란 앞서 설정한 데이터베이스 관계형 속성을 기반으로 데이터
를 추출할 수 있는 속성입니다.

먼저 '동네 리스트' 데이터베이스에 롤
업 속성을 추가합니다.

속성 편집 창에서 관계형 속성으로 '대
표 맛집'을 선택합니다.

데이터를 추출하고자 하는 속성인 '가게
이름'을 선택합니다.

계산 속성에서 [수] – [모
두 세기]를 선택합니다.
'대표 맛집' 데이터베이스
의 '가게 이름' 속성에 포
함되는 데이터의 개수를
롤업 속성을 통해 표현할
수 있습니다.

데이터베이스 속성의 열 이름을 '대표 맛집 개수'로 변경하면 동네별 대표 맛집의 개수를 표시하는 데이터가 추출된 것을 확인할 수 있습니다.

Aa 이름	≡ 호선	ㄱ 대표 맛집	◯ 대표 맛집 개수
🐙 성수동	2호선	🍜 CCC ● FFF	2
🐷 합정	2호선	◯ AAA 🦐 DDD 🦞 EEE 🍺 HHH	4
🐸 망원	6호선	🀄 BBB 🍶 GGG	2

동네 리스트 ···
+ 필터 추가

롤업 속성을 통해서 총 17가지의 계산이 가능합니다.

- 원본 표시: 관계형 속성과 동일한 내용인, 연결된 페이지들을 표시합니다.
- 고유한 값 표시: 관계형 속성의 페이지들을 중복 없이 표시합니다.
- 모두 세기: 관계형 속성에 선택된 속성의 값 개수를 표시합니다.
- 중복 제외 모두 세기: 중복된 값들을 제외한 데이터들의 개수를 표시합니다.
- 빈 값 세기: 연결된 페이지들 중 선택한 속성이 비어있는 데이터의 개수를 표시합니다.
- 비어있지 않은 값 세기: 빈 값 세기와는 반대로 선택한 속성이 비어있지 않은 데이터의 개수를 표시합니다.
- 빈 값 세기(%): 연결된 페이지들 중 선택한 속성이 비어있는 데이터의 개수를 백분율로 표시합니다.
- 비어있지 않은 값 세기(%): 연결된 페이지들 중 선택한 속성이 비어있지 않은 데이터의 개수를 백분율로 표시합니다.

만약 선택한 속성이 숫자 속성이라면 추가적으로 합계, 평균, 중앙값, 최소, 최대, 범위에 대한 데이터 또한 추출할 수 있습니다. 날짜 속성의 경우 가장 이른 날짜, 최근 날짜, 날짜 범위에 대한 데이터를 추출할 수 있습니다.

4 수식 작성의 기본

노션의 데이터베이스는 수식을 지원하기 때문에 이를 통해 원하는 데이터를 생성할 수 있습니다. 기본적인 수식 작성과 지원하는 데이터 유형에 대해 알아봅니다.

노션에서는 데이터베이스 속성으로 수식을 활용할 수 있습니다.

수식 행을 클릭하면 데이터베이스에서 사용할 수 있는 속성들과 기본적으로 제공하고 있는 빌트인 메서드들을 확인할 수 있습니다. 이러한 수식을 활용하면 기존 데이터들을 사용하여 새로운 유용한 데이터를 만들 수 있습니다.

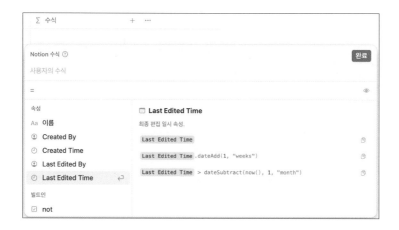

수식 기능을 활용하면 숫자가 아닌 속성을 숫자로 변환하여 계산할 수 있습니다. 예를 들어, 데이터베이스로 서류 평가지를 생성해보겠습니다. 별점으로 각 항목을 평가한 후, 별점을 숫자로 환산하여 '합계'를 매기는 구조입니다. 이때 별점은 계산할 수 있는 속성이 아니므로 별점을 숫자로 환산할 때 수식을 활용합니다.

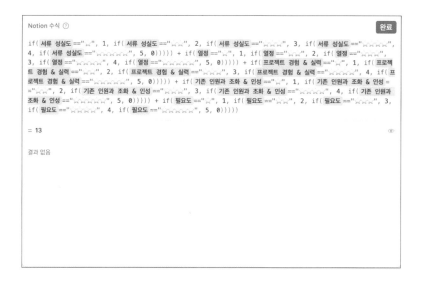

다음 예시는 서류 평가지의 '서류 성실도', '필요도' 등의 옵션을 숫자로 치환하는 수식입니다. 이러한 방식으로 숫자가 아닌 항목도 합계를 구할 수 있습니다.

수식을 활용하면 프로그레스 바 또한 생성할 수 있습니다. 목표값과 진행 상태의 비율을 계산하여 진행 상태만큼의 "■"와 진행되지 않은 비율 만큼의 "□"를 입력하여 생성할 수 있습니다.

수식 데이터 유형

노션의 수식은 다음과 같은 데이터 유형들을 지원하고 있습니다.

- 텍스트
- 숫자
- 날짜
    - dateFormat() 함수를 사용하여 형식을 변경하고 텍스트로 표시할 수 있습니다.
    - 초, 밀리초는 저장할 수 없습니다.

- 사용자
- 부울
  - True 혹은 False값을 반환합니다.
- 페이지
- 리스트
  - at(), filter(), map()과 같은 리스트 함수를 통해 리스트를 편집합니다.
- 비어 있음
  - empty() 함수를 사용해서 비어있는 데이터를 확인할 수 있습니다.
  - 조건에 맞지 않는 함수를 실행하는 경우 Empty를 리턴합니다.

5 사칙연산 및 기본 연산자

수식 작성에 필요한 다양한 연산자에 대해 알아봅니다.

빌트인

계산을 편리하게 작성할 수 있도록 기본으로 제공되는 수식입니다.

수학 연산자	• +, -, *, / • add, subtract, multiply, divide 연산자와 동일하게 사용할 수 있습니다.
비교 연산자	• -, ==, >, >=, <, <=
논리 연산자	• and, or, not
삼항 연산자	• ?: • a ? b : c는 if(a, b, c)와 동일합니다.

연산자

if(a, b, c)	• 조건 a가 참이면 b를 리턴하고 거짓이면 c를 리턴합니다.
empty(a)	• a가 비어있는지 여부를 리턴합니다.
length(a)	• a에는 텍스트 혹은 리스트 타입이 들어갈 수 있습니다. • a의 길이를 리턴합니다.
contains(a, b)	• a 문자열 내부에 b 문자열의 포함 여부를 리턴합니다.
add(a, b)	• 두 숫자의 합을 리턴합니다.
subtract(a, b)	• 두 숫자의 차를 리턴합니다.
mulitply(a, b)	• 두 숫자의 곱을 리턴합니다.

divide(a, b)	• 두 숫자를 나눈 몫을 리턴합니다.
sum(a, b, c)	• 인수들의 합을 리턴합니다.
mean(a, b, c)	• 인수들의 평균값을 리턴합니다.
concat(a, b)	• a, b는 리스트입니다. • 인자로 받은 리스트의 연결을 리턴합니다.
sort(a)	• a는 리스트입니다. • a를 정렬한 리스트를 리턴합니다.
includes(a, b)	• a는 리스트, b는 찾고자 하는 값입니다. • a가 b를 포함했는지 여부를 리턴합니다.
filter(a, b)	• a는 리스트, b는 충족시키고자 하는 조건입니다. • a에서 b 조건을 충족시키는 값을 리턴합니다.
map(a, b)	• a는 리스트, b는 적용하고자 하는 변형문입니다. • a의 인자에 b를 적용한 리스트를 리턴합니다.
flat(a, b)	• a, b는 모두 리스트입니다. • 인자로 받은 리스트를 하나의 리스트로 평면화 시킨 값을 리턴합니다.

PART 04

생산성 있는
노선 활용법

노션에서 제공하는 다양한 기능을 활용해 생산성을 높이는
방법을 알아봅니다.

1 템플릿 활용하기

노션에서 제공하는 템플릿과 외부에서 제공하는 템플릿 오픈 소스를 활용하는 방법을 알아봅니다. 템플릿을 활용하면 많이 사용되는 양식을 간편하게 사용할 수 있습니다.

사이드바의 [템플릿]을 클릭합니다.

페이지에 템플릿 갤러리가 나타납니다. 카테고리별로 나누어진 분류에서 템플릿을 선택하거나 검색창에서 원하는 템플릿을 검색할 수 있습니다.

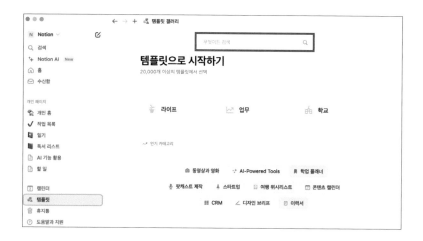

예시로 '연락처'를 입력하면, 연락처와 관련된 템플릿이 표시됩니다.
'연락처 관리' 템플릿을 클릭합니다.

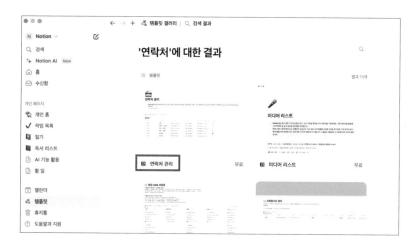

선택한 템플릿에 대한 간단한 설명과 미리 볼 수 있는 화면이 뜹니
다. 더 자세하게 템플릿을 확인하기 위해 [미리보기]를 클릭합니다.

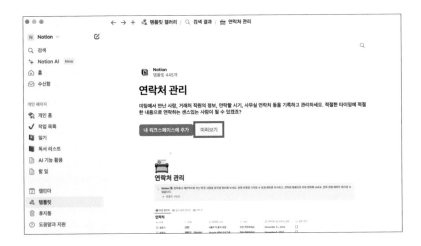

노션 페이지로 미리보기를 확인할 수 있습니다. 템플릿 페이지가 구체적으로 어떻게 구성되어 있는지 확인할 수 있습니다. 템플릿을 실제로 사용하기 위해 [내 워크스페이스에 추가] – [개인 페이지에 추가]를 클릭합니다.

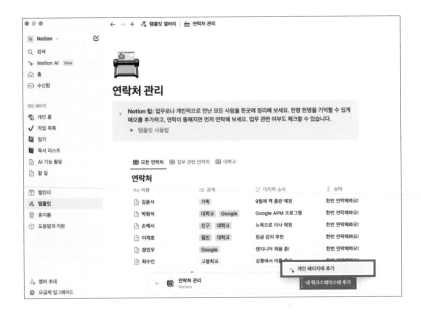

사이드바에 '연락처 관리' 페이지가 신규로 생성되면서 템플릿을 사용할 수 있도록 내 워크스페이스에 추가되었습니다.

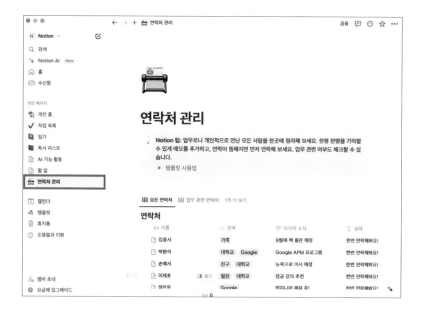

가져온 템플릿은 원하는대로 제목과 요소를 바꾸어 사용할 수 있습니다. 템플릿 사용법 토글을 열면 템플릿을 100% 활용하여 사용할 수 있는 자세한 설명이 적혀 있습니다.

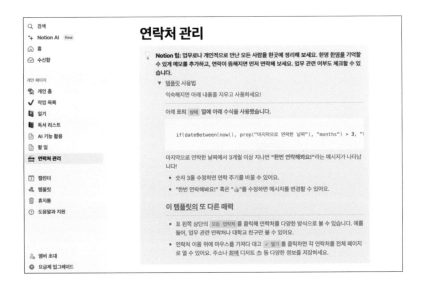

데이터베이스에서 상태 열을 클릭합니다. '마지막으로 연락한 날짜에서 3개월 이상 지나면 "한번 연락해봐요!"'로 설정되어 있는 값을 '마지막으로 연락한 날짜에서 6개월 이상 지나면 "만남 필요"'로 변경합니다. [완료]를 누르면 상태 열의 텍스트가 변경됩니다.

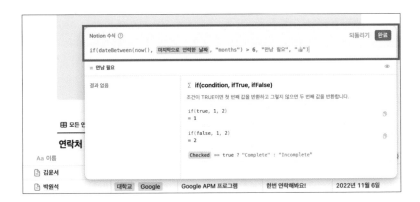

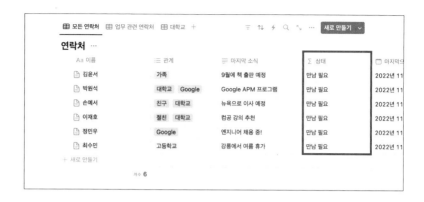

데이터베이스의 마지막으로 연락한 날짜 열에서 김윤서 행의 날짜를 최근 1개월 이내로 설정합니다. "만남 필요"로 표시되었던 상태가 엄지 이모티콘으로 변경됩니다.

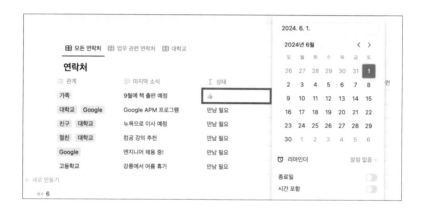

이번에는 관계 열의 항목을 변경해 보겠습니다. 옵션을 선택한 후 '가족'을 '대행사'로 변경합니다. 다른 옵션도 필요한 내용에 맞춰 수정합니다.

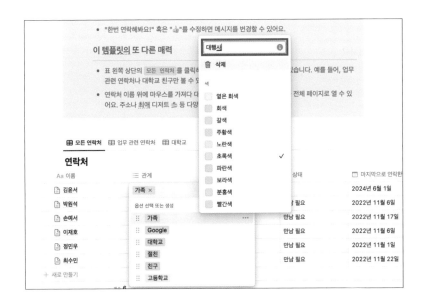

템플릿에서 필요 없는 업무 관련 열은 속성을 삭제합니다.

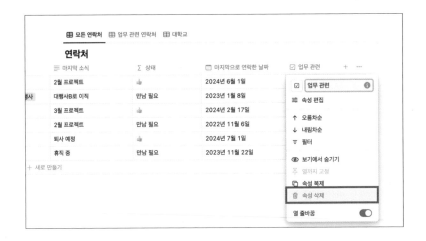

이러한 방식으로 템플릿을 나에게 맞게 수정하여 사용할 수 있습니다.

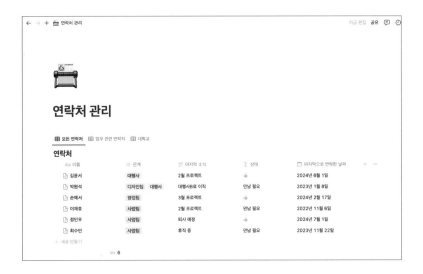

노션에서 공식적으로 제공하는 템플릿 외에 사용자들이 직접 만든 템플릿을 사용할 수도 있습니다. 노션 페이지스(notionpages.com)에 접속하면 더 많은 템플릿을 확인할 수 있습니다.

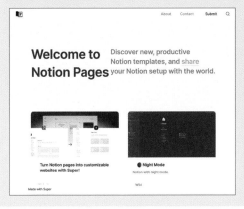

히스토리와 페이지 복구하기

노션을 활용하면서 남겨진 히스토리를 확인하고, 삭제했을 경우 복원하는 방법을 배워봅니다.

노션을 사용하다가 블록이나 페이지를 삭제한 경우 일부 내용을 복원할 수 있습니다. 먼저 페이지 내에서 블록을 복원하는 방법을 알아 보겠습니다. 우측 상단의 ⋯ 을 클릭해 [편집 기록 보기]를 클릭합니다.

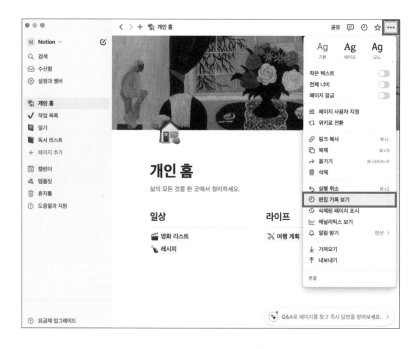

오른쪽에서 원하는 시점의 날짜를 클릭해 해당 날짜의 기록을 확인할 수 있습니다. 가장 최신 기록을 복원하기 위해 최상단의 기록을 클릭합니다.

특정 버전을 클릭하면 [이 버전을 복원하시겠어요?] 알림창이 나타납니다. 이때 [복원]을 누르면 선택한 기록으로 복원됩니다.

복원이 완료되었습니다.

데이터 복원은 기한이 정해져 있습니다. 일주일 내의 기록만 무료로 복원할 수 있습니다. [편집 기록]에서 7일 이상 지난 기록을 보려면 유료 요금제로 업데이트가 필요합니다. 30일 이상 된 페이지는 자동으로 삭제되므로 필요한 경우 반드시 기간 내에 복원해야 합니다.

페이지 전체가 삭제된 경우, [편집 기록]이 아닌 다른 방식으로의 복원이 필요합니다. ···을 클릭해 [삭제된 페이지 표시]를 클릭하거나 사이드바의 [휴지통]을 클릭합니다.

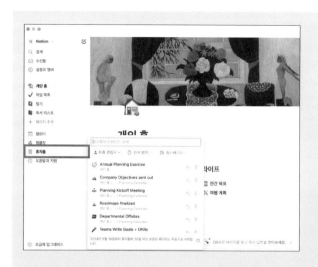

휴지통에 최근 삭제된 페이지가 남아있습니다. 페이지명 우측에 있는 ① [복원]을 클릭하면 페이지가 복원됩니다. 해당 메뉴에서 ② [휴지통]을 누르면 영구적으로 삭제되니 주의합니다.

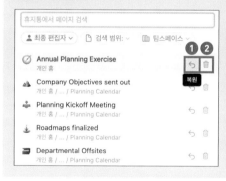

3 웹 클리핑하기

웹 클리핑이란 웹사이트의 내용을 그대로 노션으로 가져오는 기능입니다. 검색이 필요할 때 자료를 효과적으로 정리하고 수집할 수 있습니다. 특히 어플보다 모바일과 PC를 많이 사용하는 경우, 더욱 간편하게 글, 이미지, 영상 등을 수집할 수 있습니다.

노션 웹 클리핑은 크롬, 사파리, 파이어폭스 브라우저에서 사용할 수 있습니다. 본 예제에서는 크롬을 기준으로 설명하겠습니다. 크롬 확장 프로그램에서 Notion Web Clipper를 검색합니다.

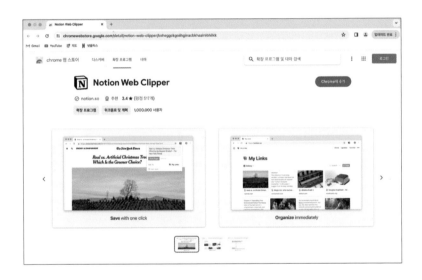

[확장 프로그램 추가]를 클릭해 프로그램을 설치합니다.

확장 프로그램을 설치하면 크롬 우측 상단에 노션 아이콘이 생성됩니다. 크롬에서 바로 접속이 가능하도록 고정 버튼을 클릭합니다.

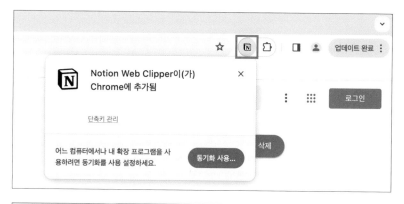

크롬 상단에 Notion Web Clipper 기능이 고정되었습니다.

이제 웹 클리핑 기능을 사용해 보겠습니다. 먼저 웹사이트 링크를 클리핑하는 방식입니다. 저장하고 싶은 사이트에 들어갑니다.

우측 상단의 [Web Clipper] 아이콘을 클릭합니다. 웹사이트 제목이 기본 제목으로 입력되어 있습니다.

클리핑하는 내용을 구분할 수 있게 내용을 수정한 후, 저장 위치인 Add to를 설정합니다. 'New links database'를 사용할 경우, 내 워크스페이스에 새로운 데이터베이스가 자동으로 생성됩니다. [Save page]를 클릭합니다.

[Open in Notion]을 클릭하면 노션 웹사이트로 이동합니다.

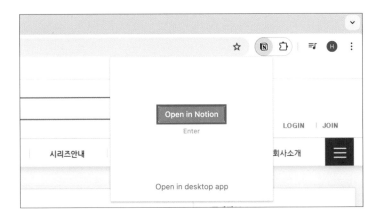

클리핑한 사이트의 제목과 링크가 노션에 저장되었습니다. 워크스페이스 하단의 [항상 앱에서 열기]를 체크하면 이후부터 웹이 아닌 앱에서 바로 열리도록 설정할 수 있습니다.

데이터베이스 상위 페이지로 이동하면 [My Links]라는 새로운 데이터베이스가 생성된 것을 확인할 수 있습니다.

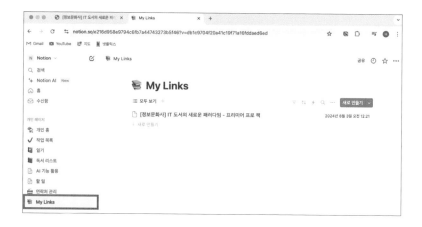

이어서 유튜브 영상을 클리핑해 보겠습니다. 유튜브 사이트에서 클리핑할 영상을 클릭합니다.

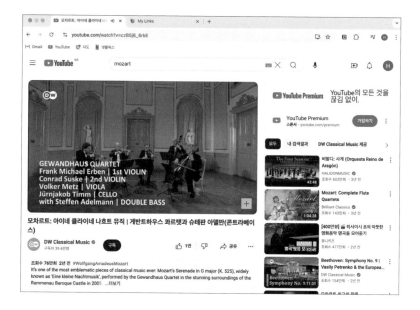

우측 상단의 [Web Clipper] 아이콘을 클릭합니다.

이번에는 'Add to' 위치를 설정해 보겠습니다. [New links database]
를 클릭한 후 [My Links] 데이터베이스를 선택합니다.

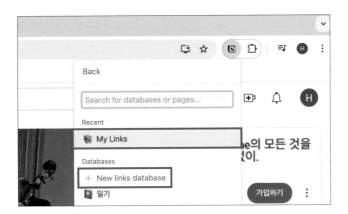

[Save page]를 눌러 저장한 후 노션으로 이동합니다.

저장한 유튜브 영상이 노션으로 클리핑된 것을 확인할 수 있습니다.

마찬가지로 데이터베이스에서 클리핑한 전체 자료를 쉽게 확인할 수
있습니다.

4 데이터 내보내기

노션 페이지를 활용하기 위해 외부로 자료를 내보내는 방법을 알아봅니다.

데이터를 내보내려는 페이지를 준비합니다. 페이지 우측 상단의 […]
을 눌러 [내보내기]를 클릭합니다. 크게 PDF, HTML, CSV 세 가지
의 형태로 내보낼 수 있습니다.

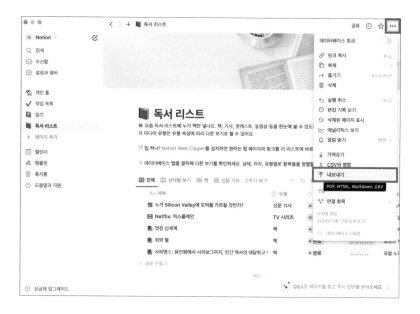

먼저 노션 페이지 전체를 하나의 문서로 내보낼 수 있는 [PDF]를 클릭합니다. 옵션을 설정한 후 [내보내기]를 클릭합니다.

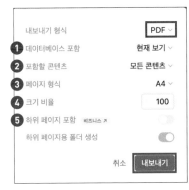

❶ 데이터베이스 포함: 페이지 내에 포함되어 있는 데이터베이스를 의미하며, 원하는 타입에 맞게 기본 보기 혹은 현재 보기를 선택할 수 있습니다.

❷ 포함할 콘텐츠: 모든 콘텐츠를 내보내거나 파일, 링크 또는 이미지를 제외하고 텍스트만 선택할 수 있습니다.

❸ 페이지 형식: 원하는 크기에 맞게 A4, Letter 등 용지 종류를 선택할 수 있습니다.

❹ 크기 비율: 문서의 크기를 선택할 수 있습니다.

❺ 하위 페이지 포함: 노션 내에 생성된 다른 페이지까지 한번에 내보낼 수 있습니다. 기본 요금제로는 불가하여, 요금제 업그레이드가 필요합니다.

페이지가 PDF 문서로 추출됩니다.

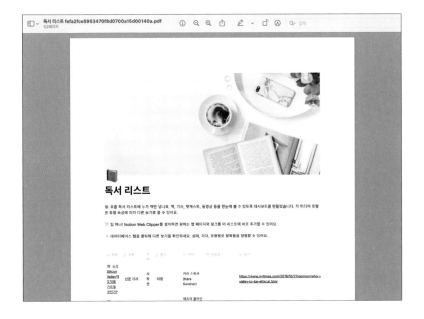

이번에는 노션 페이지의 데이터베 이스만 추출해 보겠습니다.

데이터베이스는 엑셀 파일 형식으 로 내보낼 수 있습니다.

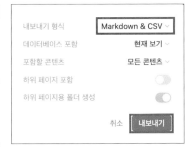

내보내기 형식 [PDF]를 [Markdown & CSV]로 변경합니다.
다른 옵션은 변경하지 않고 [내보내기]를 클릭합니다.

데이터베이스가 엑셀 파일로 변환되어 추출됩니다.

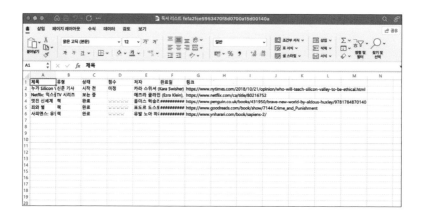

마지막으로 html 및 이미지로 추출해 보겠습니다. 내보내기 형식을
[HTML]로 설정하고, 하위 페이지 포함을 선택합니다.

하위 페이지를 포함하여 추출되기 때문에 대기 시간이 발생합니다.
하위 페이지가 많을수록 시간이 오래 걸릴 수 있습니다.

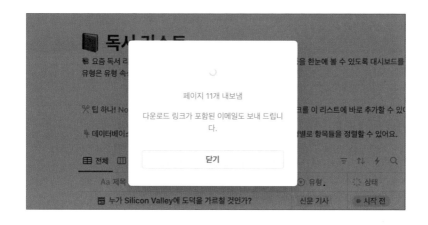

저장한 압축 파일을 열면 데이터베이스별로 구분되어 추출된 html 및 이미지를 확인할 수 있습니다.

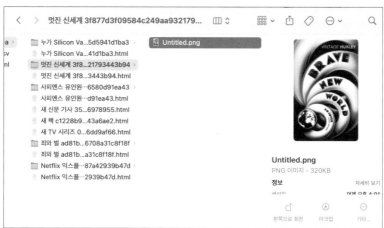

5 페이지 공유하기

직접 작성한 노션 페이지를 공유하는 방법을 알아봅니다. 특정 사용자를 지정해 일부에게만 공유하는 방법과, 링크를 사용해 누구나 웹사이트를 통해 접근할 수 있도록 공개하는 방법이 있습니다.

내 워크스페이스로 사용자를 초대해 노션 페이지를 공유하는 방법입니다. 원하는 페이지에 들어가 우측 상단의 [공유]를 클릭합니다.

초대하려는 사용자의 계정을 기입하고 [초대]를 클릭합니다.

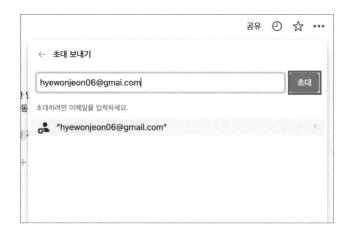

사용자에 따라 [전체 허용], [편집 허용], [댓글 허용], [읽기 허용]으로 권한을 구분하여 관리할 수 있습니다. 워크스페이스 권한이 없거나 노션 계정이 없는 사람일 경우 게스트로 참여하게 됩니다.

초대받은 사람은 이메일을 통해 초대 내용을 확인할 수 있습니다. [초대 수락]을 눌러 초대받은 노션을 볼 수 있습니다.

특정 사용자가 아니라 모두에게 공유하는 방식도 있습니다. 웹사이트 링크를 생성하듯 노션 고유의 링크를 만들 수 있습니다. [공유] – [게시]를 클릭하면 웹사이트 링크가 생성됩니다.

[사이트 보기]를 클릭하면 웹에서 노션 페이지를 확인할 수 있습니다.

이제 해당 링크를 가진 사람이면 누구나 노션 페이지에 접속할 수 있습니다.

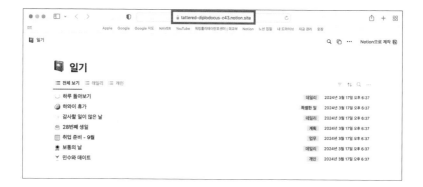

이런 방식으로 사람과 페이지를 공유하면 사이드바에서도 공유된 페이지와 개인 페이지가 구분되어 나타납니다.

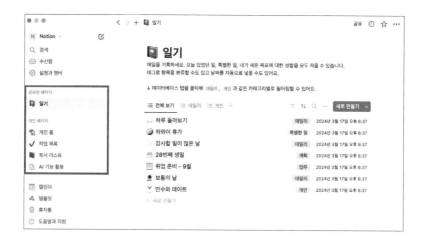

만든 페이지가 마음에 든다면, 페이지를 템플릿화하여 다른 사람과 템플릿을 공유할 수 있습니다. 게시 옵션에서 [템플릿 복제 허용] 토글을 활성화한 후 링크를 통해 주변에 공유할 수 있습니다. 반대로, 웹에 게시하지만 템플릿 복제를 허용하고 싶지 않을 경우 토글을 비활성화합니다.

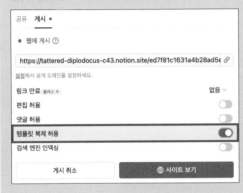

6 AI 기능으로 글쓰기

노션에서 제공하는 AI 기능을 활용해 글을 작성해 봅니다. 노션은 매해 AI 기능을 고도화하여 새로운 기능을 업데이트하고 있습니다. AI 기능은 20번까지 무료로 사용할 수 있으며, 이후에는 유료 요금제 결제가 필요합니다.

빈 블록에서 `Space`를 눌러 AI 기능을 활성화합니다. 사용할 수 있는 기능 목록을 확인할 수 있습니다.

먼저 [이어 쓰기] 기능을 활용해 봅니다. 첫 문장을 입력한 후, AI에서 이어쓰기를 클릭하면 이어질 내용이 생성됩니다.

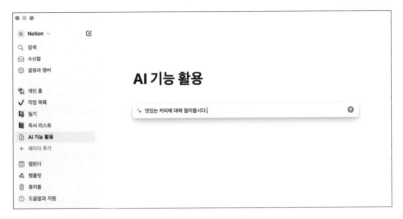

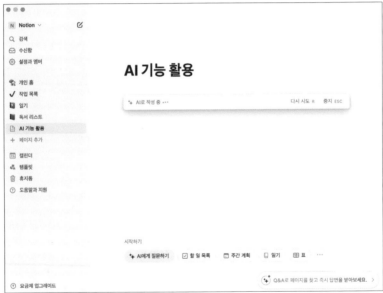

완성된 글이 내가 원하는 방향과 다를 경우 'AI에게 다음 할 일을 알려주세요.'에 수정 방향을 입력합니다. 작성한 방향으로 글이 다시 작성됩니다.

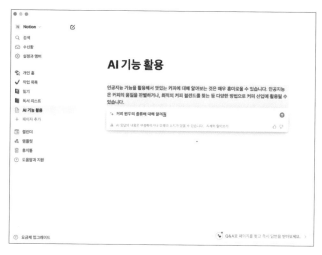

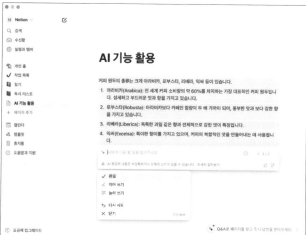

뿐만 아니라 이어쓰기, 늘려쓰기를 통해 글의 분량을 조정할 수 있습니다. 이 외에도 요약하기, 철자와 문법 수정, 심플한 말로 바꾸기 등 글쓰기와 관련된 다양한 기능이 있습니다.

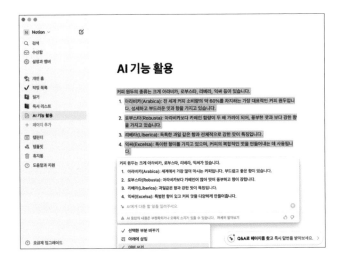

번역기로 활용할 수도 있습니다. 원하는 텍스트를 입력한 후 [번역] – [원하는 언어]를 클릭합니다.

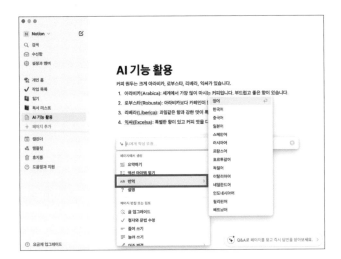

번역기를 따로 사용할 필요 없이, 자연스럽게 번역된 문장을 확인할 수 있습니다.

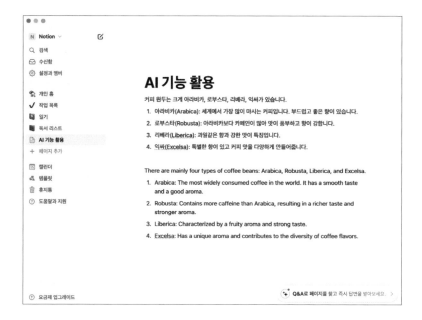

글감이 필요한 경우, 아이디어 글감 제공을 위한 기능을 활용할 수도 있습니다.

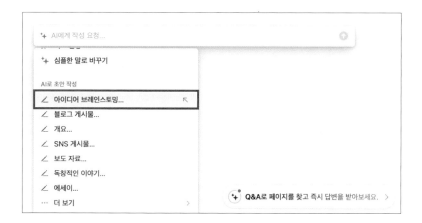

[아이디어 브레인스토밍]을 클릭하고 주제를 입력할 경우 다양한 주제어가 제시됩니다. AI 기능을 활용해 원활하게 글쓰기를 이어갈 수 있습니다.

- {녹차와 아라비카 커피를 결합한 새로운 음료 개발}
- {다양한 녹차 디저트 메뉴 개발}
- {녹차의 건강 이점을 강조한 마케팅 전략 구상}
- {다양한 국가의 녹차를 이용한 테마 카페 운영 아이디어}
- {로부스타 커피와 녹차를 혼합한 에너지 드링크 개발}
- {녹차를 기반으로 한 비건 음식 메뉴 개발}
- {녹차를 활용한 스킨케어 제품 라인업 구상}
- {녹차의 다양한 용도를 소개하는 블로그 또는 유튜브 채널 시작}
- {녹차와 리베라 커피를 가미한 아이스크림 제조}

7 캘린더 앱 활용하기

노션 캘린더는 일정 관리를 위한 캘린더 앱입니다. 노션 워크스페이스에 있던 데이터베이스의 기능을 분리해 단독 툴로 만들어졌습니다. 노션 캘린더는 구글 캘린더와 노션 워크스페이스의 데이터를 연동하여 여러 일정을 한곳에서 간편하게 관리할 수 있도록 지원합니다.

노션 설치 사이트에 접속한 후 [다운로드] – [Notion 캘린더]를 클릭합니다.

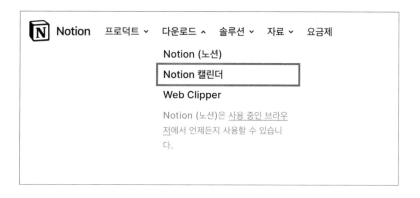

캘린더 앱을 다운로드할 수 있는 창이 나타납니다. 파일을 다운로드한 후 프로그램을 설치합니다.

노션 캘린더와 연동할 Google 계정으로 로그인합니다.

Notion Calendar 서비스로 로그인 창이 뜨면 [계속]을 클릭하고, 구글 캘린더의 정보를 노션 캘린더와 연동하기 위해 모든 권한을 허용합니다.

연동을 완료하면 캘린더 앱이 열립니다. 우측에 초기 사용자를 위한 간단한 설정 안내가 있습니다. 모든 설정을 확인하면 안내 창이 없어집니다.

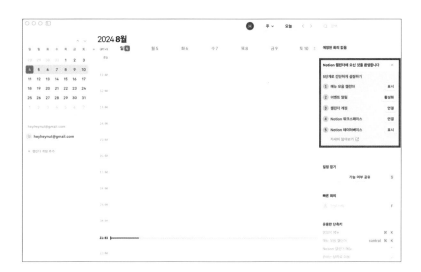

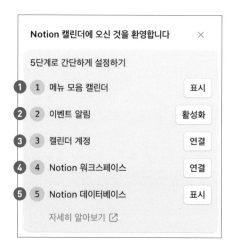

❶ 메뉴 모음 캘린더: 예정된 이벤트를 표시하는 기능입니다.

❷ 이벤트 알림: 알림 기능입니다. 활성화를 누르면 데스크탑에서 알림 기능이 켜집니다.

❸ 캘린더 계정: 구글 캘린더 연동과 관련된 설정 메뉴입니다. 로그인 시 연동한 캘린더 외 다른 캘린더를 추가로 연동할 수 있으며, 기본으로 설정할 캘린더를 지정할 수 있습니다.

❹ 노션 워크스페이스: 노션 워크스페이스와 캘린더를 연동할 수 있는 기능입니다.

❺ 노션 데이터베이스: 노션 데이터베이스를 연결할 수 있는 기능입니다. 워크스페이스와 연결하면 데이터베이스와도 연동됩니다.

직접 캘린더 앱을 사용해 보겠습니다. [주]를 클릭하면 보기 방식을 일, 주, 월 중에 선택해 볼 수 있습니다. [월]로 변경합니다.

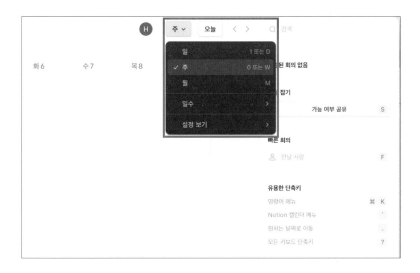

20일 화요일에 일정을 추가해 보겠습니다. 20일 칸을 더블클릭합니다.

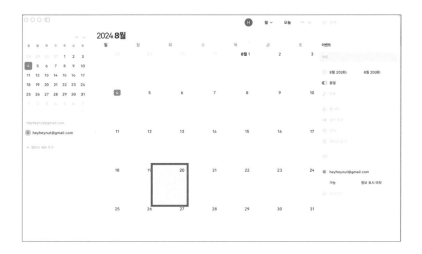

오른쪽에 추가할 캘린더 정보를 적을 수 있습니다. 제목과 반복 여부, 위치를 설정합니다. 내용을 모두 입력하면 캘린더에 추가한 일정 정보가 나타납니다.

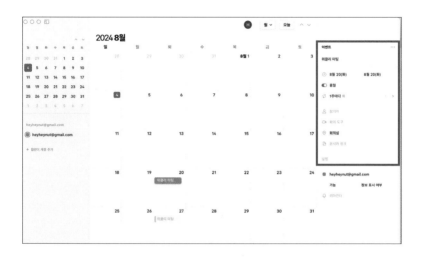

크롬에서 연동한 구글 계정의 캘린더에 접속합니다. 노션과 동일하게 [주]를 [월]로 변경합니다.

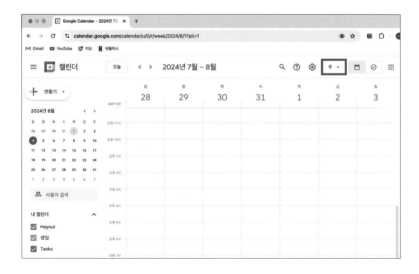

노션 캘린더 앱에서 추가한 일정이 구글 캘린더와 연동되어 업데이트된 것을 확인할 수 있습니다. 반대로 구글 캘린더에서 추가한 일정도 노션 캘린더에서 확인할 수 있습니다.

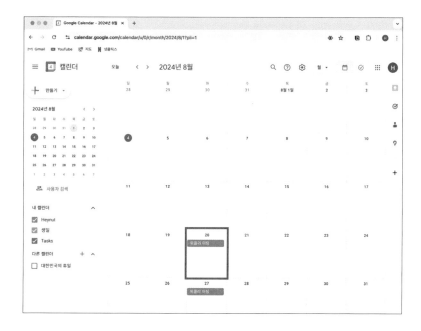

이번에는 노션 워크스페이스 및 데이터베이스와 캘린더를 연동해 보겠습니다. [Notion Calendar] – [설정] – [API 통합] – [Notion]을 클릭합니다.

Notion 워크스페이스 추가에서 [연결]을 클릭합니다.

연동하려는 Notion 계정의 액세스를 허용합니다.

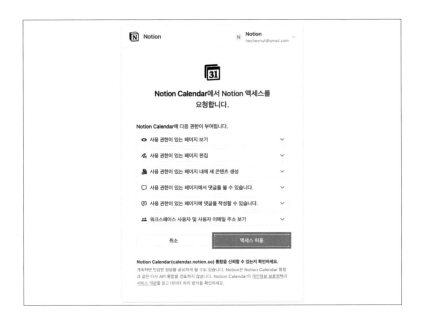

노션 캘린더 앱에 노션 워크스페이스가 연동되었습니다.

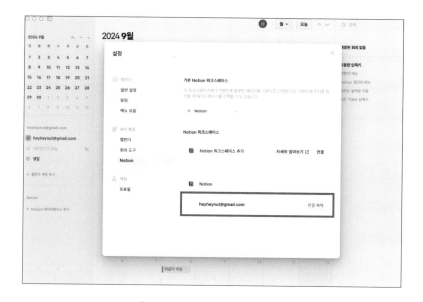

왼쪽 사이드바에서 [Notion 데이터베이스 추가]를 클릭합니다.

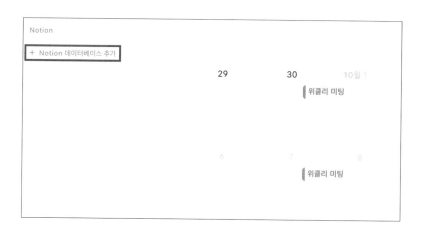

연동된 워크스페이스에서 캘린더(일정) 혹은 타임라인 보기가 포함된
데이터베이스가 자동으로 표시됩니다. 콘텐츠 캘린더를 클릭합니다.

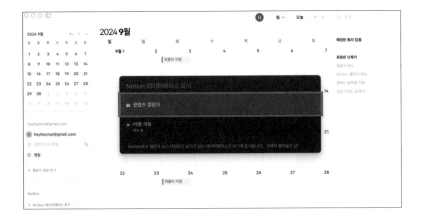

콘텐츠 캘린더 데이터베이스의 일정이 캘린더 앱에 표시됩니다.

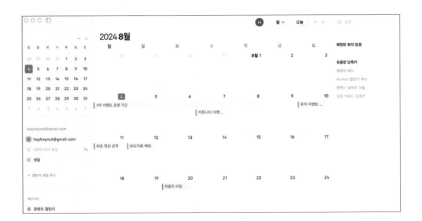

데이터베이스의 일정을 수정하고 싶다면, 이벤트 블록을 클릭한 후
변경하려는 날짜로 드래그합니다.

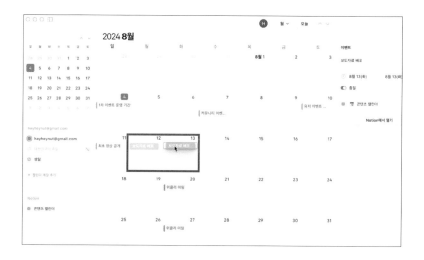

이벤트 날짜가 변경됩니다. 노션 앱에 들어가 확인해 보면 노션 데
이터베이스의 내용도 변경되어 있습니다. 캘린더에서 내용을 수정할
경우 노션에도 바로 반영되며, 노션에서 내용을 수정할 경우에도 캘
린더에 즉시 반영됩니다.

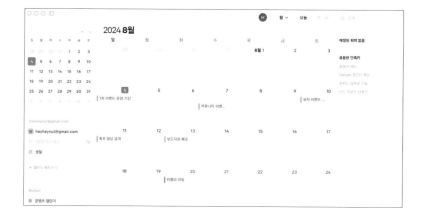

캘린더 앱은 라이트 모드와 다크 모드를 모두 지원합니다. [Notion Calendar] – [설정] – [일반 설정]을 클릭한 후, 테마를 '다크 모드'로 변경하면 앱 색상 모드를 바꿀 수 있습니다.

PART 05

실전 예제 따라하기

노션에서 제공하는 다양한 기능을 활용해 실전에서
사용하기 좋은 예제를 배워봅니다.

① 포트폴리오 만들기

간단하고 가독성 좋은 포트폴리오를 만드는 방법을 알아봅니다. 이직을 준비하는 iOS 개발자 김노션의 포트폴리오를 제작해 보겠습니다.

원하는 위치에 새로운 페이지를 생성하고 제목을 작성합니다. 포트폴리오 작성이 목적이므로, 어떤 직군에서 일하는 사람인지 명확하게 드러내기 위해 직군과 이름을 작성합니다.

iOS 개발자 김노션

시작하기

✦ AI에게 질문하기   ☑ 할 일 목록   🗓 주간 계획   📓 일기   ⊞ 표   •••

프로필 이미지를 노션에 드래그 앤 드랍하여 페이지에 첨부합니다.

이미지 사이즈를 적절하게 조절하기 위해 이미지 양 옆에 마우스를 올린 후 커서가 █로 변하면 클릭 후 드래그를 사용하여 사이즈를 조절합니다.

프로필 이미지를 좌측에 배치한 후 우측에 인적사항을 기재해 보겠습니다. 이미지 편집 메뉴 중 을 클릭합니다.

[좌측 정렬] 버튼을 클릭하여 이미지를 좌측으로 정렬합니다.

이미지 하단 블록에 'Contact'를 작성한 후 좌측의 ⠿ 버튼을 클릭한 상태로 블록을 이미지 우측으로 드래그합니다.

'Contact'를 강조하기 위해 [굵게] 효과를 적용합니다. 하단 블록에
각각 휴대전화와 이메일 정보를 작성합니다.

인적사항을 작성한 후 하단 내용과 분리시켜주기 위해 '---'를 작성하거나 '/구분선'을 사용하여 구분선을 추가합니다.

[제목 1] 블록을 생성한 후 'Introduce.'를 제목으로 작성합니다. 제목 블록 하단에는 자기소개를 작성합니다.

Introduce.

n년차 iOS 개발자로 xxxx 서비스 앱 개발, 배포 및 운영하고 있습니다. 신기능 개발 및 앱의 사용성을 높이기 위해 필요한 프로세스에 대해 논의하고 기능 구현을 진행하고 있습니다.

동일한 방법으로 구분선을 생성합니다. [제목 1] 블록을 생성한 후 'Work Experience.'를 작성합니다. [제목 2] 블록을 생성한 후 회사 이름을 작성하고, 일반 텍스트 블록에 간단한 회사 소개와 재직 기간을 작성합니다. 강조 표시를 위해 필요한 곳에 [굵게] 효과를 적용합니다. 다시 일반 텍스트 블록을 생성하고 진행한 업무에 대한 한 줄 소개를 작성합니다.

Work Experience.

회사 이름

간단한 회사 소개 | 20nn.nn ~ 현재

그동안 진행한 업무에 대한 한 줄 소개

업무 관련 스킬을 작성하고 전체 선택을 한 상태에서 [Command] + E 혹은 [코드로 표시]를 클릭하여 인라인 코드 블록 스타일을 적용합니다. 개발 코드가 아니더라도 디자인상 태그처럼 보여 키워드를 강조할 때 사용할 수 있습니다.

동일한 방법으로 관련 스킬을 더 작성합니다. 그리고 일반 텍스트 블록을 생성한 후 진행했던 업무 제목을 작성합니다.

Work Experience.

회사 이름

간단한 회사 소개 | 20nn.nn ~ 현재

그동안 진행한 업무에 대한 한 줄 소개

스킬1 스킬2 스킬3

업무1

글머리 기호 목록 스타일을 적용한 블록을 생성한 후 '업무1'에 대한
자세한 설명을 작성합니다.

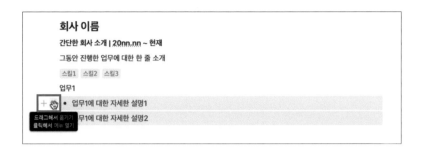

두 블록을 모두 선택한 후 좌측의 ⠿ 버튼을 클릭한 후 업무1 블록
우측으로 드래그합니다.

업무1 블록과 설명 블록들 사이를 드래그해 간격을 조절합니다.

동일한 방법으로 다른 업무들에 대한 블록도 생성합니다.

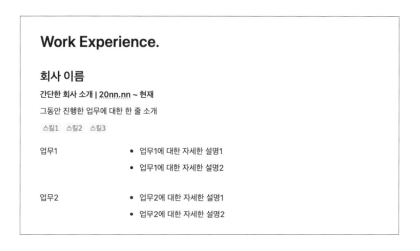

앞선 블록들과 동일하게 구분선, 'Project.'가 작성된 [제목 1] 블록, 프로젝트 이름이 작성된 [제목 2] 블록을 생성합니다. 하단에는 프로젝트 진행 기간이 작성된 일반 텍스트 블록을 생성합니다.

프로젝트와 관련된 링크가 있다면 일반 텍스트로 작성하고 드래그한 후 메뉴에서 링크를 선택하여 해당 텍스트 선택 시 링크로 이동되도록 설정할 수 있습니다.

프로젝트와 관련된 이미지가 있다면 첨부합니다. 프로필 이미지와 마찬가지로 적절한 사이즈로 조절합니다.

이미지를 하나 더 첨부한 후 이미지들을 그리드 형태로 배치합니다. 두 번째 이미지를 클릭한 후 첫 번째 이미지의 우측으로 드래그합니다.

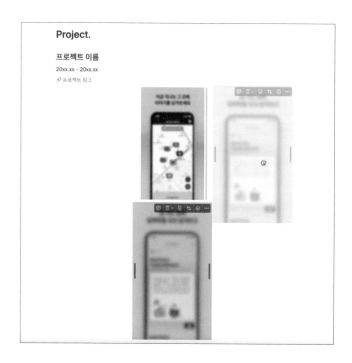

하나의 이미지를 더 첨부하여 그리드 형태로 배치합니다. 하단에는 프로젝트에 관한 설명을 작성합니다.

포트폴리오를 완성합니다. 이 외에도 지금까지 사용한 기능을 활용하여 더 많은 내용을 추가할 수 있습니다.

iOS 개발자 김노션

Contact
phone 010-0000-0000
email xxxx@xxxx.com
Channel
GitHub https://github.com/xxxx
Blog https://xxxx.tistory.com

Introduce.

n년차 iOS 개발자로 xxxx 서비스 앱 개발, 배포 및 운영하고 있습니다. 신기능 개발 및 앱의 사용성을 높이기 위해 필요한 프로세스에 대해 논의하고 기능 구현을 진행하고 있습니다.

Work Experience.

회사 이름

간단한 회사 소개 | 20nn.nn ~ 현재
그동안 진행한 업무에 대한 한 줄 소개
스킬1 스킬2 스킬3

업무1
- 업무1에 대한 자세한 설명1
- 업무1에 대한 자세한 설명2

업무2
- 업무2에 대한 자세한 설명1
- 업무2에 대한 자세한 설명2

Project.

프로젝트 이름

20xx.xx - 20xx.xx
🔗 프로젝트 링크

프로젝트에 관한 설명을 작성합니다.

2 체크 리스트 만들기

노션으로 체크 리스트를 간편하게 만드는 방법을 알아봅니다. 노션에서는 할 일 목록 블록을 제공하고 있어 직관적이고 편리한 리스트를 간편하게 만들 수 있습니다.

할 일 목록 블록을 활용해 체크 리스트를 만들어 봅니다. 대괄호 '[ ]' 를 연이어 입력한 후 [Space]를 누르면 간편하게 체크박스를 생성할 수 있습니다.

할 일

□

할 일

□ 할 일

체크박스 오른쪽에 텍스트를 입력한 후 [Enter]를 누르면 체크박스
가 연이어 생성됩니다.

버튼 기능을 활용하여 매일 반복되는 체크 리스트를 만들어 보겠습
니다. '/'를 누른 후 '고급 블록' – [버튼]을 클릭합니다.

버튼 이름에 '매일 할 일'을 작성합니다.

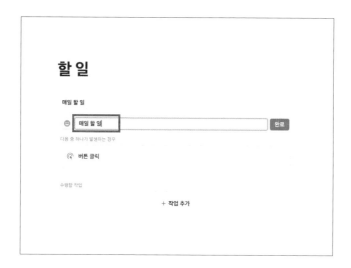

수행할 작업의 [+작업 추가]를 누르고 '블록 삽입'을 클릭합니다.
반복되는 작업을 설정할 수 있는 블록이 생성됩니다.

[버튼 아래]는 버튼을 기준으로 아래에 내용이 나오도록 합니다. 블록에 매일 반복되는 할 일 목록을 작성한 후, 버튼명 옆의 [완료]를 클릭합니다.

'매일 할 일'이라는 제목의 버튼이 생성됩니다. 버튼을 누르면 작성한 체크 리스트가 블록으로 생성됩니다. 버튼을 누를 때마다 동일한 블록을 간편하게 생성할 수 있습니다.

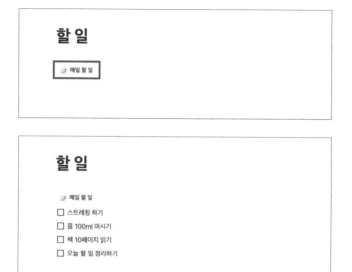

블록 내에 들어갈 내용을 수정하고 싶다면 [매일 할 일] 버튼 옆의 [버튼 편집]을 클릭합니다.

내용을 수정한 후 완료를 클릭하면 버튼에 반영됩니다. 다시 [매일 할 일] 버튼을 클릭하면 수정한 내용이 입력됩니다.

이어서 완료한 할 일을 넣어두는 페이지를 생성합니다. '/페이지' 명령어를 입력해 '끝' 제목의 빈 페이지를 생성합니다.

이후 끝낸 할 일은 '끝' 페이지에 넣으며 할 일 목록을 관리합니다.

할 일

📝 매일 할 일

일차

☐ 스트레칭 하기

☐ 물 100ml 마시기

☐ 책 10페이지 읽기

☐ 오늘 할 일 정리하기

📄 끝

3 대시보드 만들기

노션의 다양한 데이터베이스를 활용해 나만의 대시보드를 만들어 봅니다.
원하는 대로 콘텐츠를 구성하고 관리할 수 있습니다.

새 페이지를 생성합니다. 먼저 대시보드의 첫인상이 될 커버와 제목
을 구성해 보겠습니다. 커버 추가를 눌러 배경 이미지를 설정하고,
대시보드 이름과 아이콘을 설정합니다.

할 일, 개인, 공부, 일, 여행, 독서 여섯 가지로 대시보드를 구성해 보겠습니다. '/'를 입력해 3개의 열 블록을 삽입합니다. 화면에 나타나지는 않지만, 페이지가 3개의 단으로 나누어졌습니다.

가장 왼쪽의 영역을 클릭하고 부제목으로 '할 일'을 입력합니다. 같은 방식으로 원하는 영역에 '개인', '공부', '일', '여행', '독서'를 입력합니다.

'할 일' 텍스트 옆에 '/+색'을 입력하면 배경색이나 글자색을 변경할 수 있습니다. 배경을 초록색으로 변경합니다.

블록 옆의 ⠿ 버튼을 클릭하면 텍스트 종류를 변경할 수 있습니다. [제목2]를 클릭해 텍스트 크기와 모양을 변경합니다.

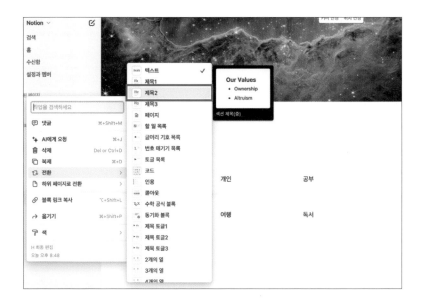

같은 방식으로 6개의 항목을 모두 변경합니다.

부제목 하단에 할 일 목록을 생성합니다. '[ ]'를 입력한 후 Space 를 눌러 체크박스를 만들고 내용을 입력합니다.

'독서' 하단에는 기존에 만들어둔 데이터베이스를 삽입해 보겠습니다. '/'를 입력한 후 [페이지 링크]를 클릭합니다.

생성되어 있는 페이지 중 [독서 리스트]를 클릭합니다. 이전에 제작해둔 '독서 리스트' 데이터베이스가 대시보드로 삽입됩니다.

위와 같은 방식으로, '개인', '공부', '일', '여행' 데이터베이스를 한 페이지에 통합해 대시보드를 구성해 봅니다.

마지막 영역에는 위젯을 추가해 보겠습니다. 노션에서는 외부 사이트 링크를 활용해 다양하게 위젯을 삽입할 수 있습니다. 대표적으로 https://indify.co 사이트가 있습니다. 홈페이지에서 활용할 수 있는 위젯 리스트를 확인할 수 있습니다.

사이트에서 무료 가입을 한 후, 원하는 위젯을 클릭합니다. 시계 위젯을 삽입해 보겠습니다.

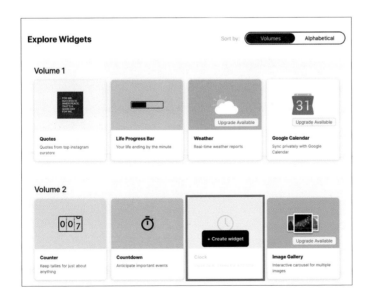

원하는 모양으로 위젯을 편집한 후 링크를 복사합니다.

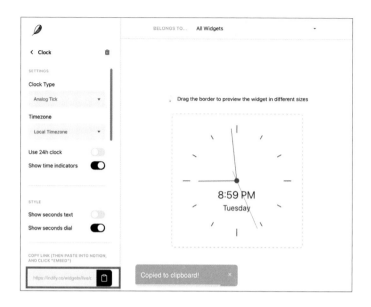

노션 대시보드로 돌아와 복사한 링크를 붙여넣습니다. [임베드 생성]을 클릭하면 시계 위젯이 대시보드에 추가됩니다. 이 외에도 원하는 위젯이 있다면 자유롭게 추가할 수 있습니다.

모든 영역을 구성했다면, 각 영역의 폭을 조절해 보겠습니다. [할 일] 영역 오른쪽의 스크롤을 클릭하고 좌우로 드래그합니다. 원하는 대로 폭을 조절할 수 있습니다. 같은 방식으로 각 영역의 크기를 자유롭게 조절해 봅니다.

나만의 대시보드가 완성되었습니다.

태스크 관리하기

노션은 다른 서비스와의 연동이 간편합니다. 이러한 특성을 활용하면 노션으로 손쉬운 태스크 관리가 가능합니다.

온보딩 기능에 대한 태스크 관리를 해보겠습니다. 먼저 데이터를 넣어줄 표 데이터베이스를 생성합니다. 기존 데이터베이스를 연동하지 않고 [새 표] 버튼을 클릭하여 새로운 데이터베이스를 생성합니다.

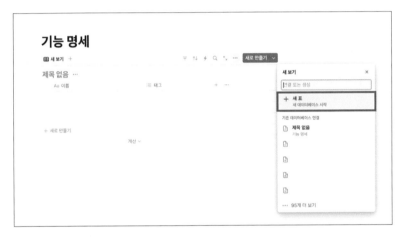

1열의 1행을 클릭한 후 속성 이름을 '기능'으로 변경합니다.

그리고 두 번째 행에 '온보딩'을 입력합니다.

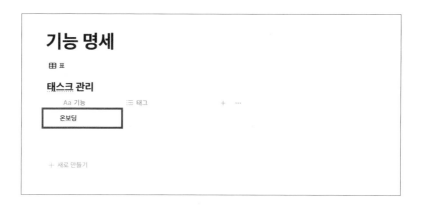

두 번째 속성인 태그를 클릭하여 해당 속성을 삭제합니다.

기능 속성 우측의 버튼을 클릭한 후 'Github 풀 리퀘스트' 속성을 검
색하여 추가합니다.

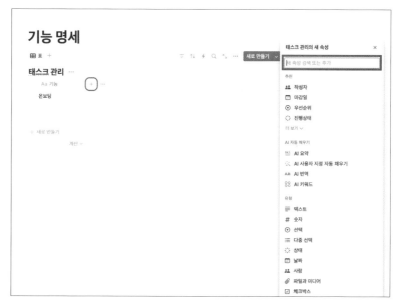

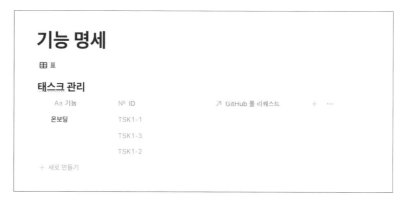

온보딩 행에 해당하는 Github 풀 리퀘스트 속성 칸을 클릭하면 다음과 같은 창이 나타납니다. Github PR과 해당 데이터베이스를 연동하는 방식은 두 가지가 있습니다. URL을 붙여넣는 방식과 해당 데이터베이스의 페이지 ID를 복사하여 Github PR 제목에 첨부하는 방식입니다. 후자의 방식을 활용하여 연동하기 위해 창 우측 하단의 [페이지 ID 복사] 버튼을 클릭합니다.

Github에 작업한 내용을 push한 뒤 새로운 PR을 생성합니다. 제목에 복사한 페이지 ID를 붙여넣고 내용을 채워넣은 뒤 [Create pull request] 버튼을 클릭하여 PR을 생성합니다.

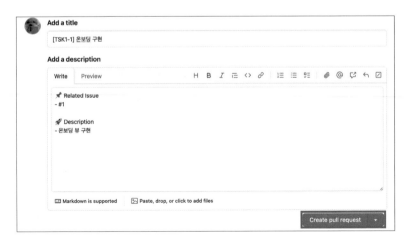

PR이 생성된 후 해당 페이지 ID를 인식하여 'notion-workspace bot'
이 자동으로 PR에 코멘트를 생성하도록 합니다. 코멘트에는 연동하
려는 데이터베이스 페이지로 이동하는 링크가 추가되어 있습니다.

다시 노션으로 돌아가보면 PR이 Open 상태로 업데이트 된 것을 확
인할 수 있습니다.

PR의 진행 상태를 한 눈에 파악하기 위해 속성 우측의 ⊞ 버튼을 클릭하여 진행 상태 속성을 추가합니다. 사용 가능한 상태값을 다음과 같이 편집합니다.

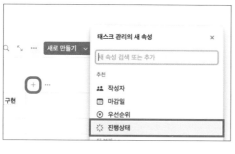

Github 풀 리퀘스트 속성을 클릭하여 속성 편집 창에 진입합니다. 하단의 조건 충족에 따라 진행 상태를 설정한 값으로 자동 업데이트 시키도록 설정할 수 있습니다.

해당 값들을 다음과 같이 변경합니다.

다시 Github PR로 돌아가 리뷰어를 배정하여 리뷰를 요청합니다. PR의 상태를 '리뷰 요청 중'으로 변경하는 이벤트입니다.

노션으로 돌아오면 상태가 '리뷰 요청 중'으로 업데이트 된 것을 확인할 수 있습니다.

마찬가지로 리뷰어가 PR을 승인한 '어푸르브' 상태로 업데이트하면 데이터베이스에서도 바로 상태가 업데이트된 것을 확인할 수 있습니다.

마지막으로 PR을 생성한 유저가 merge를 진행하여 프로세스를 마무리 지은 상태도 데이터베이스와 바로 연동되는 것을 확인할 수 있습니다.

이 외에 피그마 파일을 데이터베이스의 속성으로 연동하여 관리할 수 있습니다. [속성 추가] 버튼을 클릭한 후 Figma 파일을 검색하여 추가합니다.

Figma 파일 속성 행을 클릭한 후 연동하려는 Figma 파일의 링크를 입력합니다.

다음과 같이 피그마 파일이 연동된 것을 확인할 수 있습니다.

5 플로우 차트 관리하기

노션은 코드 블록을 제공하고 있습니다. 그중 Mermaid 언어를 사용하면 노션 내에서 여러 다이어그램과 차트를 작성하고 관리할 수 있습니다.

노션의 차트별로 사용되는 문법이 상이하기 때문에 생성하고자 하는 다이어그램 혹은 차트의 문법을 확인하는 것이 중요합니다. 이어지는 예제에서는 Mermaid 언어를 사용합니다.

Mermaid란 자바 스크립트 기반의 마크다운 언어입니다. 이를 활용하면 다이어그램, 플로우 차트, 유저 저니맵, 마인드맵 등 다양한 다이어그램과 차트를 생성할 수 있습니다. 해당 언어가 지원되는 편집기 혹은 협업 도구에서 모두 사용 가능하고, 그중 하나가 노션입니다. Mermaid 언어에 대한 자세한 설명은 공식 홈페이지 http://mermaid.js.org/#/에서 확인 가능합니다.

먼저 Mermaid 언어로 플로우 차트를 생성해 보겠습니다. '/코드' 명령어를 입력하여 코드 블록을 생성합니다.

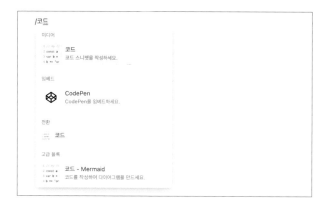

좌측 상단의 언어 설정 버튼을 클릭한 후 Mermaid를 검색하여 선택합니다.

가장 기본으로 [분할 보기] 옵션이 선택되어 있습니다. [분할 보기]를 클릭하면 [코드], [미리보기], [분할 보기]의 세 가지 옵션이 있는 것을 확인할 수 있습니다.

[코드]는 작성한 Mermaid 코드만 볼 수 있는 옵션입니다.

[미리보기]는 작성한 코드로 생성된 다이어그램을 볼 수 있는 옵션입니다.

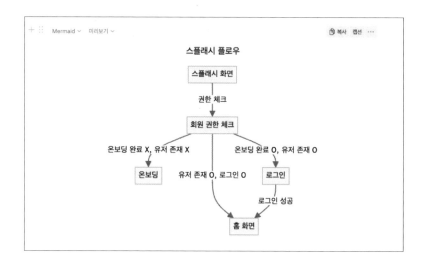

마지막으로 [분할 보기] 옵션은 작성한 코드와 다이어그램을 동시에 확인할 수 있는 옵션입니다.

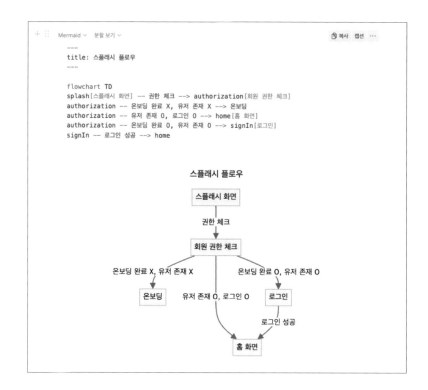

다이어그램 작성 시에는 코드와 다이어그램을 동시에 확인할 수 있는 옵션이 적합합니다. [분할 보기] 옵션을 선택합니다.

먼저 다이어그램의 제목을 작성합니다.

```
---
title: 다이어그램의 제목
---
```

이러한 형식으로 작성할 수 있습니다.

제목 하단에 생성하고자 하는 다이어그램의 종류인 flowchart와 방향을 설정하는 명령어인 TD(Top to Down)를 작성합니다.

다이어그램 종류로는 sequenceDiagram, classDiagram, journey, mindmap, zenuml 등이 제공되고 있습니다.

다이어그램을 그릴 수 있는 방향은 TD(Top to Down)(or TB), LR(Left to Right), BT(Bottom to Top), RL(Right to Left)이 있습니다.

```
----
title: 스플래시 플로우
----

flowchart TD|
```

스플래시 플로우

플로우 차트를 이루는 기본 단위인 노드를 생성하기 위해 splash [스플래시 화면] 을 작성합니다.

이때 splash는 노드의 id가 되며, 뒤의 텍스트가 없는 경우 노드의 id가 화면에 나타나게 됩니다. 노드의 id와 텍스트를 개별적으로 작성하고자 하는 경우 id 뒤에 '[",“]'와 함께 원하는 내용을 작성합니다.

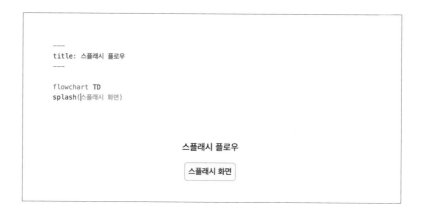

이때 노드의 기본 스타일은 직사각형이며 이 외에도 여러 스타일을 지원하고 있습니다. splash(스플래시 화면)을 작성하면 모서리가 둥근 사각형 스타일이 적용됩니다.

splash((스플래시 화면))을 작성하면 원 모양이 적용됩니다.

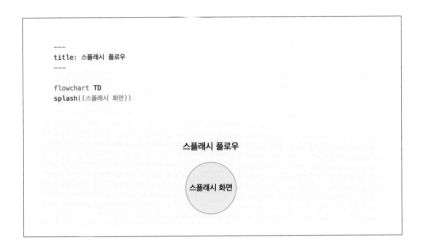

splash[(데이터베이스)]를 작성하면 데이터베이스 형태가 적용됩니다.

splash{데이터베이스}를 작성하면 마름모 형태가 적용됩니다.

이렇게 노드의 형태뿐만 아니라 테두리 색, 두께, 배경색도 변경할수 있습니다.

다음과 같은 문법으로 작성하면 해당 노드에 스타일이 적용됩니다.

style 노드의 id 변경하고자 하는 스타일 타입: 적용하고자 하는 옵션

```
---
title: 스플래시 플로우
---

flowchart TD
splash[스플래시 화면]

style splash stroke: red, fill: white, stroke-width: 3px
```

스플래시 플로우

스플래시 화면

노드와 노드 간의 관계를 나타내는 화살표도 손쉽게 작성할 수 있습니다.

가장 기본적인 화살표는 두 노드 사이에 '-->'를 작성하면 생성됩니다.

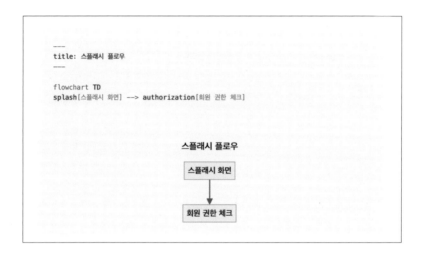

화살표에 표시하고 싶은 조건이 있는 경우 '-- 조건 -->'과 같이 작성하면 조건이 표시됩니다.

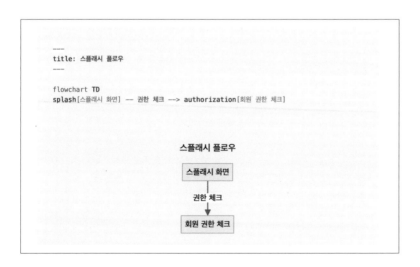

화살표도 마찬가지로 여러 스타일을 적용할 수 있습니다. '-. 조건 .->'을 작성하면 텍스트가 있는 점선 스타일을 적용할 수 있습니다.

'==>'를 작성하면 두꺼운 화살표를 생성할 수 있습니다.

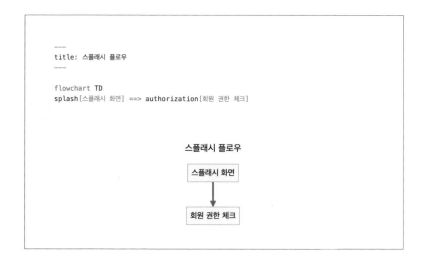

이를 활용하면 다음과 같이 스플래시 플로우를 담은 플로우 차트를 쉽게 생성하고 관리할 수 있습니다.

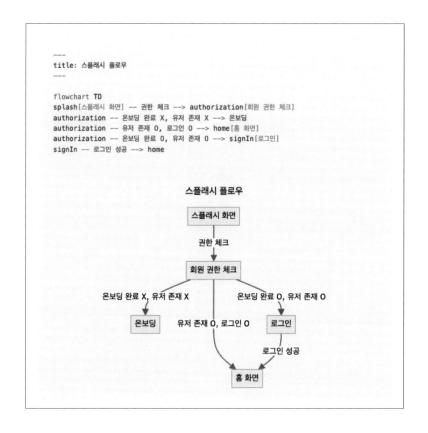

6 출장 계획 세우기

노션 데이터베이스의 그룹화 기능과 캘린더로 출장 계획을 세워봅니다. 데이터베이스 보기 방식을 변경하며 내용을 유동적으로 관리할 수 있습니다.

새 페이지를 생성하고 제목을 입력합니다.

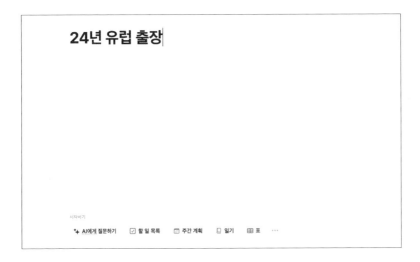

명령어 '/'를 입력해 인라인 데이터베이스를 삽입합니다.

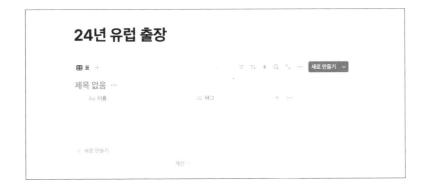

새 속성을 눌러 [날짜], [선택], [상태], [사람] 속성을 추가합니다.

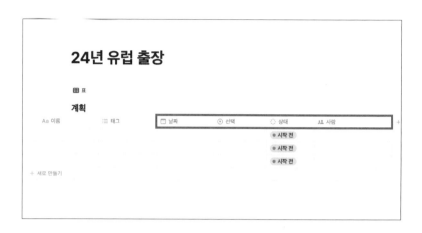

열 순서를 필요한 내용에 맞게 조정합니다. 그리고 속성을 클릭하여 기준이 되는 열 이름을 변경합니다. 각각 일자, 도시, 구분, 내용, 진행 상황, 참여자를 입력합니다.

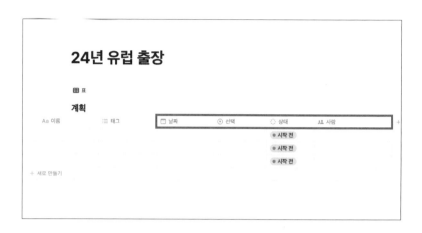

출장에 필요한 내용을 기입해 보겠습니다. 일자 열 1행을 클릭한 후 출발 일자를 기입합니다.

2행에는 방문하는 도시에서 머무르는 일정을 입력합니다. 날짜에서 종료일을 활성화하여 시작일과 종료일을 지정합니다.

도시 열에는 방문하는 도시를 태그로 생성하여 입력하고, 구분 열에는 내용의 대분류를 입력합니다.

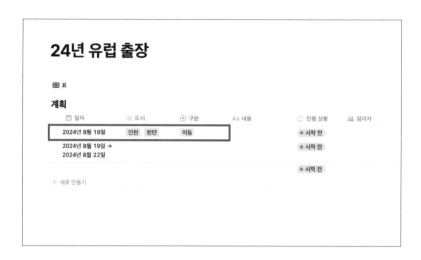

내용 열에는 상세 내용을 입력합니다.

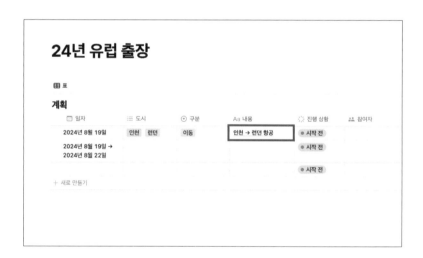

진행 상황 열은 상황에 따라 내용을 구분해 보겠습니다. [진행 상황] – [속성 편집]을 클릭합니다.

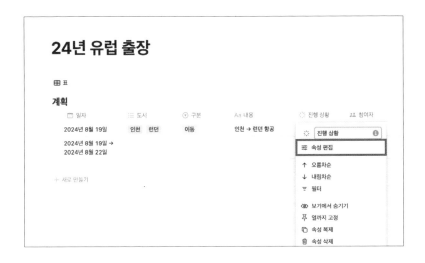

할 일 그룹에 '예약 전'을 기입하고, 진행 중 그룹에는 '확인 중', 완료 그룹에는 '일정 확정', '예약 완료'로 나누어 기입합니다.

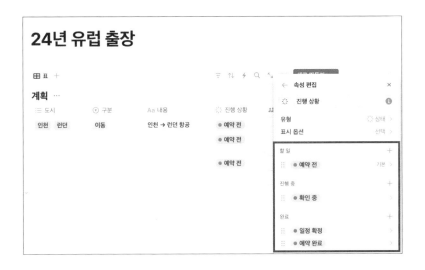

참여자에는 참여하는 사람의 이름을 기입합니다. 노션 워크스페이스에 초대되지 않은 사용자를 추가할 경우, 이메일을 기입하여 초대장을 발송합니다.

1행의 내용을 채운 후, 같은 방법으로 10행까지 내용을 입력합니다.

그룹화 기능을 활용하여 예약이 완료되지 않은 내용을 확인해 보겠습니다. [보기 설정] – [그룹화] – [진행 상황]을 선택합니다.

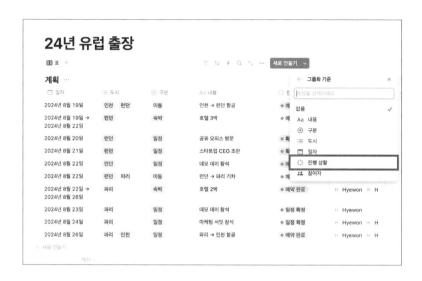

진행 상황에 따라 내용이 그룹화되어 분류되었습니다. 예약 여부가 확정되어 내용을 확인할 필요가 없을 경우, 표시되는 그룹에서 숨기기를 클릭합니다. 내용이 필터링되어 보고 싶은 내용만 간편하게 확인할 수 있습니다.

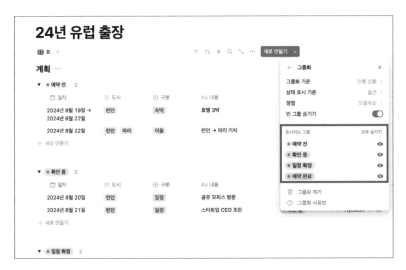

같은 방식으로 도시별로 내용을 확인하려면 [보기 설정] – [그룹화] – [도시]를 선택합니다. 방문 도시에 따라 내용이 그룹화되어 분류되었습니다. 목적에 맞게 보기 설정을 바꾸어 가며 확인할 수 있습니다.

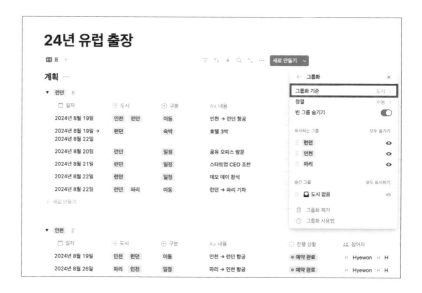

설정한 그룹화를 해제하려면 [그룹화] – [그룹화 제거]를 클릭합니다.

이번에는 같은 데이터베이스를
일정 위주의 보기로 바꾸어 확인
해 보겠습니다. ⊞를 눌러 [새
보기] – [더보기] – [캘린더]를 추
가합니다.

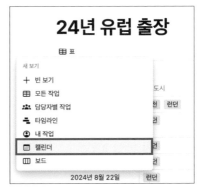

캘린더에서 일정을 확인할 수 있습니다.

캘린더에 표시된 내용을 변경하기 위해 [설정] – [속성]을 클릭합니다. 도시 속성을 표시하면 캘린더에서 도시 태그를 확인할 수 있습니다.

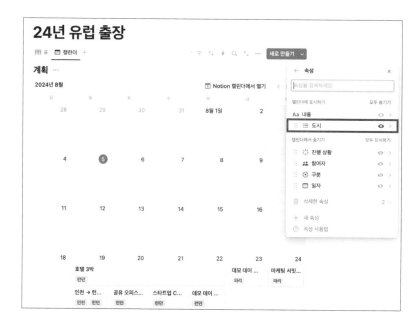

[Notion 캘린더에서 열기]를 클릭합니다. 해당 일정을 노션 캘린더와 연동하여 확인할 수 있습니다. 캘린더 앱의 자세한 내용은 'PART4–§7 캘린더 앱 활용하기'에서 확인할 수 있습니다.

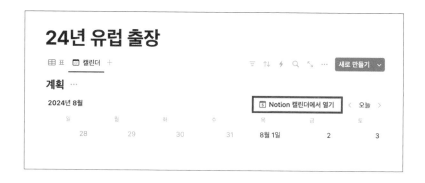

협업 툴로 활용하기

노션은 개인이 사용할 때뿐만 아니라 여러 사용자와 함께 공동으로 작업할 때도 유용합니다. 앞에서 실습한 여러가지 기능을 통합적으로 활용해 업무용 협업툴로 활용하는 방법을 알아봅니다.

노션을 협업툴로 사용하기 위해서는 기본 요금제보다는 유료 요금제를 사용하는 편이 좋습니다. 무료 요금제와 유료 요금제는 초대 가능한 인원과 주고 받을 수 있는 파일 용량 제한 등이 다릅니다.

각자의 목적에 맞춰 요금제를 선택했다면, 팀 워크스페이스를 생성합니다.

팀원을 초대합니다. 초대하려는 이메일을 입력한 후 [Notion에 접속 하기]를 클릭합니다. 초대하지 않은 멤버가 있다면 워크스페이스에 서 초대하는 방법도 있습니다.

[설정과 멤버]를 클릭하고, [멤버]를 클릭합니다. 초대 링크를 공유해 사용자를 초대하거나, [멤버 추가]를 눌러 이메일 계정으로 초대 링크를 발송합니다. [권한 수준]에서 멤버별로 접근/수정할 수 있는 권한을 조정할 수 있습니다.

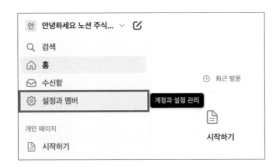

공동 작업을 돕는 다양한 기능을 간단하게 소개하겠습니다.

- 워크스페이스가 아닌, 특정 페이지에 사용자 초대하기: 자세한 설명과 내용은 'PART4-§5 페이지 공유하기'에서 확인할 수 있습니다.

- 특정 페이지에서 팀원 멘션하기: 페이지에서 '@'를 입력한 후 상대방의 아이디나 이름을 입력합니다. 해당 페이지에 언급된 팀원에게 내용이 업데이트되며 PC나 모바일 앱을 사용하고 있을 경우 바로 알람이 갑니다.

- 댓글로 소통하기: 페이지 혹은 개별 블록에 댓글을 남길 수 있습니다. 페이지의 [댓글 추가]를 클릭하거나 블록 앞의 ▦를 클릭한 후 [댓글]을 선택하여 남기면 됩니다. 댓글을 확인하거나 완료했다면 체크 박스를 클릭해 없앨 수 있습니다. 블록에 댓글을 남길 경우 우측에 말풍선 모양이 추가되어 댓글이 달린 것을 확인할 수 있으며, 블록을 클릭하면 댓글이 나타납니다.

- 댓글 확인하기: 한 페이지 안에 달린 모든 댓글을 한번에 확인할 수 있습니다. 페이지 우측 상단에서 [댓글 사이드바 열기]를 클릭합니다. 달린 댓글에 간편하게 대댓글을 남길 수도 있습니다. 해결 완료된 댓글은 댓글 사이드바에 표시되지 않습니다.